Chinese History for Teenagers
少年中国史

极致皇权下的辉煌

清·上

佟洵　赵云田·主编

北京理工大学出版社
BEIJING INSTITUTE OF TECHNOLOGY PRESS

版权专有　侵权必究

图书在版编目（CIP）数据

极致皇权下的辉煌：清.上/佟洵，赵云田主编. —北京：北京理工大学出版社，2020.6　（2021.2重印）
ISBN 978-7-5682-8305-2

Ⅰ.①极… Ⅱ.①佟… ②赵… Ⅲ.①中国历史－清代－少年读物 Ⅳ.①K249.09

中国版本图书馆 CIP 数据核字（2020）第 049875 号

极致皇权下的辉煌
清·上

出版发行 /	北京理工大学出版社有限责任公司
社　　址 /	北京市海淀区中关村南大街5号
邮　　编 /	100081
电　　话 /	（010）68914775（总编室）
	（010）82562903（教材售后服务热线）
	（010）68948351（其他图书服务热线）
网　　址 /	http://www.bitpress.com.cn
经　　销 /	全国各地新华书店
印　　刷 /	河北盛世彩捷印刷有限公司
开　　本 /	710 毫米 × 1000 毫米　1/16
印　　张 /	14
字　　数 /	236 千字
版　　次 /	2020 年 6 月第 1 版　2021 年 2 月第 6 次印刷
定　　价 /	34.00 元

责任编辑 /	顾学云
文案编辑 /	朱　喜
责任校对 /	周瑞红
责任印制 /	边心超

图书出现印装质量问题，请拨打售后服务热线，本社负责调换

序

中国社会科学院研究员　赵云田

按照社会性质的不同，一般把清朝历史分为两个时期，即清前期和晚清时期（或称清上和清下），中间以1840年鸦片战争爆发为界。

清前期的历史又可分为兴起、建立和巩固统治、走向盛世、由盛转衰四个阶段。1583年，努尔哈赤起兵反明，统一女真，1616年建立后金政权，1636年，皇太极改国号为清，至入关前，这是清朝的兴起阶段。1644年清军入关，顺治帝定都北京，到1683年康熙帝统一台湾，是清朝建立和巩固对全国的统治阶段。从1684年到1774年，即康熙朝中叶到乾隆朝中叶，是清朝走向盛世的阶段。从1774年到1840年鸦片战争爆发，是清朝由盛转衰的阶段。一般说来，人们把1644年清军入关、定都北京，作为清朝的开始。

清朝在全国建立和巩固统治的阶段，对一切敢于抵抗和没有降服的汉族军民，采取了屠杀政策，强迫他们剃发易服，这遭到了广大汉族军民的反抗和抵制。参加抗清斗争的，不仅有李自成、张献忠领导的农民军及其余部，还有南明王朝的各个政权，郑成功的抗清武装，东南沿海人民的抗清力量。在抗清运动中，涌现了史可法、李定国等令人景仰的人物。特别是郑成功收复台湾，意义尤为深远。清朝统治者在这一阶段也做了一些缓和民族矛盾的工作。一是提倡尊孔读经，把崇儒重道作为基本国策。二是按汉族地区原来的生产和生活方式恢复和发展生产，注意与民休息。三是敕封五世达赖喇嘛，加强了对西藏的治理。平定三藩和统一台湾是这一阶段清朝政治生活中的两件大事，标志着清朝对全国的统治已经逐渐巩固。

清朝走向盛世的阶段，从政治上讲，封建专制主义的中央集权统治极大地加强了。建立和推广了密折制度，建立了军机处，加强对官员的控制，大兴文字狱，一切以皇帝的意志为转移。从经济上说，在恢复经济、发展生产方面采取了一系列措施。实行"盛世滋丁永不加赋"，蠲免地丁钱粮，实行摊丁入地政策，在边疆地区大兴屯田。农业、商业、手工业都得到发展。"康乾盛世"的出现,以及全国人口首次突破1亿,从一个侧面反映了经济的繁荣。在文化方面,清朝统治者在大兴文字狱的同时,也实行了一些笼络知识分子和发展文化的政策。奖励理学名臣,提倡编纂书籍。《古今图书集成》《四库全书》都是这一阶段编纂的,乾嘉学派也在这一阶段形成。在处理和边疆地区少数民族关系方面,也取得了很大成功。清朝实行"修其教不易其俗,齐其政不易其宜"的政策,不改变少数民族地区原有的行政制度、风俗习惯、宗教信仰以及社会组织形式。这些促进了多民族统一国家的发展和巩固,增强了各民族之间的联系,加速了民族融合的进程,也加速了少数民族地区的经济开发。

清朝由盛转衰的阶段,社会问题越来越严重,民变接连不断,爆发了大规模的农民起义。严重的社会问题包括,统治阶级的生活越来越奢靡,吏治越来越败坏,贪污横行,贿赂成风,达到了无法根治的地步。鸦片输入剧增造成了极大的危害,使中国白银大量外流,银贵钱贱的现象日益严重,广大劳动者的负担更加沉重。越来越多的中国人吸食鸦片,身心受到严重摧残,而官员和士兵吸食鸦片,既加深了吏治的腐败,又削弱了清朝军队的战斗力,从而更加深了清朝统治的危机。

严重的社会危机使社会各方面的矛盾更加激化。为了反抗清政府的封建压迫和剥削,城乡人民的反抗斗争日趋频繁和激烈,反抗斗争接连不断。尤其是延绵不断的农民起义,不仅频率高,范围广,而且更加激烈和富于组织性、宗教性。这些起义不仅发生在内地,而且发生在边疆地区,既有汉族百姓参加,也有少数民族人民参加,不论规模大小,都和清政府发生了直接的冲突。在这些不断反抗清政府斗争的基础上,大规模的农民起义终于爆发,清朝统治无可挽回地走上了由盛转衰的道路。

目录

少年中国史

清

后金建国 / 10

萨尔浒大捷 / 16

统一漠南 / 18

皇太极立清 / 20

决战松锦 / 24

吴三桂献关 / 28

福临登基 / 34

定鼎北京 / 38

● 特色鲜明的满族服饰 / 40

甲申国难 / 42

李自成遇难九宫山 / 46

清初三大儒 / 48

湖广填四川 / 52

● 中国历史上的大规模移民 / 54

满汉一家 / 58

五世达赖进京觐见 / 62

郑成功收复台湾 / 64

"玛法"汤若望 / 70

江南三大案 / 76

计擒鳌拜，康熙亲政 / 80

清初第一词人纳兰性德 / 86

三藩之乱 / 88

施琅收台湾 / 92

雅克萨反击战 / 96

丁酉科场案 / 100

"天下第一廉吏"于成龙 / 102

聊斋先生的鬼狐世界 / 106

康熙南巡 / 108

靳辅治黄河 / 116

● 历史上的黄河之治 / 118

木兰秋狝 / 120

三征噶尔丹 / 124

雍正帝改革 /128

改土归流 /136

● 土司制度的兴亡史 /138

年羹尧自杀 /140

李卫治浙江 /148

又兴文字狱 /152

平叛大小和卓 /156

渥巴锡率众归国 /162

《四库全书》启动 /168

和珅专权 /172

马戛尔尼使团访华 /176

一枝一叶总关情 /180

● 扬州八怪 /184

吴敬梓与《儒林外史》 /188

古今一梦尽荒唐 /190

前清学者第一人 /192

咸与维新 /194

白莲教起义 /200

平定张格尔叛乱 /204

医学家王清任 /206

三百年来第一流 /208

神秘组织天地会 /212

天下四大镇 /216

● 鸦片战争前的清朝对外贸易 /220

● 中外大事年表对比 /222

目录

清·上

1644年—1840年

白山黑水，孕育了女真人的豪放和骁勇
铁骑入关，定鼎燕京，八旗席卷南北
削藩平叛、收复台湾、抗击沙俄，功业泽被后世
市井繁华、国库充盈、文化昌盛，铸就百年盛世

> **1616年**
>
> 天命元年丙辰春正月壬申朔，上即位，建元天命，定国号曰金。诸贝勒大臣上尊号曰覆育列国英明皇帝。
>
> ——《清史稿·卷一·太祖本纪》

后金建国

含恨起兵誓复仇，十三铠甲终逆袭。当冷漠遇上坚毅，骄横碰上智勇，在不期而至的机会作用下，一个人、一个王朝的传奇就此诞生。历史最终淡化了最初的杀父之仇，把这个充满色彩的青年送上了更远的征程，并由此开创了一个盛大的朝代。

建国时间
1616年（明万历四十四年）

国号
大金（史称后金）

地点
赫图阿拉（今辽宁省新宾县）

建国者
爱新觉罗·努尔哈赤

政治体制
君主专制政体

当时首都
赫图阿拉（兴京）

主要宗教
萨满教

主要民族
女真族（满洲族）、汉族、蒙古族等

军事制度
八旗制度

奋起反抗

明万历十一年（1583年）二月，明朝的宁远伯、辽东总兵李成梁率军讨伐建州右卫喜塔喇·阿台（明末建州女真族首领），在攻打古勒寨（位于今新宾满族自治县）时，不慎误杀了女真建州左卫枝部舍人努尔哈赤的祖父和父亲。

年仅25岁的努尔哈赤听闻噩耗悲恸欲绝，本想起兵复仇，但势孤力单，无法同拥兵百万的大明皇帝直接交锋，就将矛头转向当时的建州左卫图伦城主尼堪外兰，指责其唆使明兵杀害父、祖，要求朝廷交出此人。在此之前，明朝边臣（指驻守边疆的

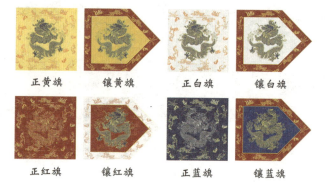

| 正黄旗 | 镶黄旗 | 正白旗 | 镶白旗 |
| 正红旗 | 镶红旗 | 正蓝旗 | 镶蓝旗 |

大臣、官员）就此事做了补偿，并允许努尔哈赤承袭其祖、父的都指挥使，认定此事已了。努尔哈赤的要求让骄横惯了的明朝边臣大为震怒，不仅一口回绝，还任尼堪外兰为女真之主。由此尼堪外兰威望急升，势力大增，他趁机收服建州百姓与努尔哈赤的亲族，逼迫努尔哈赤投降。

亲人遇害，家道中落，部族叛离，强敌威逼。突如其来的种种变故与打击激起了年轻的努尔哈尔的血性，他思虑再三果断决定，凭借13副遗甲和少数人马，于同年五月联合嘉木湖寨主噶哈善，沾河寨主常书、扬书，向着图伦城打响了建立后金国的第一仗。

招徕能人

这时的女真分为三大系：建州女真、海西女真和野人女真（东海女真和黑龙江女真）。各系又分若干部，各部之间分裂涣散，相互杀掠。仅有30丁兵

清·佚名·清太祖天命皇帝朝服像

力的努尔哈赤可以说是所有部中实力最弱的一个，在这样凶险的情况下，他要想力战群雄，威行各部，无疑有点儿天方夜谭。

但机会很快就出现了。自元以来，

《清太祖高皇帝实录》记载的"七大恨"

序号	内容
第一	明朝杀害了努尔哈赤的祖父觉昌安、父塔克世
第二	明朝欺压建州女真，偏袒叶赫、哈达女真
第三	明朝强令努尔哈赤抵偿其所杀的越界人命，从而违反了双方划定的范围
第四	明朝出兵保护叶赫，抵抗建州女真
第五	叶赫在明朝支持下，背信弃义，把其部落与努尔哈赤有婚约的"老女"东哥转嫁给了蒙古喀尔喀部
第六	明朝出兵逼迫努尔哈赤退出已开垦的柴河、三岔、抚安三地
第七	明朝辽东政府派萧伯芝赴建州，作威作福

女真人因为内部涣散被迫隶属而受压迫与欺凌，因屈辱而激起的渴望让他们期待一个统一、强大的女真崛起。而胸怀大志、无畏奋进的努尔哈赤就像是应此召唤而生的雄杰。

攻克图伦城后，努尔哈赤用计除掉了背盟的萨尔浒城主诺米纳，并前后花了5年的时间，于万历十六年（1588年）完成了征服建州五部、统一建州女真的战争。在此过程中，努尔哈赤竭力招揽人才，并重用能人、厚待功臣，许多能人异士、忠贞贤人纷纷归附于他。武将有帮助他理政听讼、统兵征战的五大臣：骁勇善战的额亦都，智勇双全的费英东，勇冠三军的安费扬古，以及军功卓著的扈尔汉和何和礼，除此之外还有许多身经百战、屡建奇功的猛将。文臣则有通晓蒙、汉文的额尔德尼和新满文创始人达海。在努尔哈赤的指示下，额尔德尼利用蒙文字母创造了通行建州全境的满文，达海再加以完善，他们二人为日后后金的建立与满族的形成立下了显赫的功勋。

满文原档（书影）
不著撰人，共40册，清太祖与太宗朝各占一半，内容涉及满族先世发祥传说、八旗制度、社会习俗、经济生活、部族发展、对外关系及明清交涉的直接史料，是满族入关前的重要秘籍。现藏于中国台北"故宫博物院"。

统一女真

明万历十九年（1591年），努尔哈赤挥师东进，踏上了统一女真其他部的征途。为了避免四处受敌，努尔

哈赤采取了远交近攻、各个击破的策略：他对明朝表示臣服，对朝鲜和蒙古表示友善，对势力较强的海西女真叶赫、乌拉两部重点拉拢，对势力较弱的野人女真实行招抚，最终成功地实现了人生的大逆袭。

用兵上，努尔哈赤讲究"恩威并行，顺者以德服，逆者以兵临"。斩杀反抗的人，奖励主动来归附的人。对于战败归顺的女真人，他都会给他们编户，既不侵占财产，也不奴役他们。诸申（平民）还是诸申，部长寨主则授予官职，继续管辖旧部人员。这样的政策使得女真各部纷纷率领部族主动归顺，加快了女真统一的过程。

谋略上，努尔哈赤从不急于求成，而是先弱后强，由近及远，逐渐扩充自己的实力，并尽力避免过早与明廷发生冲突。他积极争取蒙古，以建州女真部落为根据地，将自己原有的几十人兵力扩大至数千骁骑。实力增强后，他再向海西四部中因内讧激烈而国力渐弱的哈达部发起进攻，随后攻克乌拉部，拿下辉发部，最后再集中兵力征服女真最强的叶赫部。36年内，统一了建州、海西女真及大部分野人女真部落。

建立后金

在统一女真各部的过程中，努尔哈赤积极建立政权。明万历二十三年（1595年）他自称"女真国建州卫"王子，万历三十三年（1605年）又自称"建州王""建州国汗"。在命人创制满文的同时，又对女真人长期流行的牛录制（满族早期集体狩猎组织）进行了

清·金昆·冰嬉图（局部）

在清代，"冰嬉"不仅是一种娱乐，同时也是重要的军事训练。自努尔哈赤起，就一直受到各代皇帝的重视和喜爱。据文献记载，清天命十年（1625年），努尔哈赤曾在浑河冰上亲自主持举行过盛大的冰上运动会，第一个项目是冰球，然后又进行花样滑冰表演。当时，冠军获赏银二十两，亚军十两。参加冰上比赛的不仅有训练有素的兵士和随从侍卫，也有众位贝勒的夫人和兵丁们的妻小。

翠鸟羽毛头饰，上嵌掐丝珐琅龙纹，以及"日月奉天"四字。

改革，将原来的十人一牛录改为三百人一牛录，并分黄、白、红、蓝四色旗。

万历四十三年（1615年），努尔哈赤又将四色旗分为八色旗，即正黄、正白、正红、正蓝、镶黄、镶白、镶红、镶蓝八旗。一牛录等于三百丁，一甲喇等于五牛录，一固山（旗）等于五甲喇，再设立牛录、甲喇、固山、梅勒等额真（满语，意为主）来管制所属人员。努尔哈赤将管辖内的所有人员编入旗下牛录，额真之上再设汗总辖，接着再立子侄为各旗之主、各牛录之主。八旗人员居住在同一地区，互为婚娶，平时耕种，战时出征，旧有的差异迅速消失，一个新的民族共同体——满族逐渐形成。因此，八旗制不仅是一种军事制度，它还是一种特殊的政权组织形式，是满族的根本制度，它甚至包含了财、政、刑等各个方面的职能。

万历四十四年（1616年）正月，八旗贝勒大臣集会赫图阿拉（今辽宁省新宾县），尊努尔哈赤为"承奉天命覆育列国英明汗"，国号"大金"（史称后金），定年号天命，一个辖地数千里、臣民数十万的强大后金政权，自此走上了历史舞台。

无处不在的四爪龙刺绣

清·装甲

随着火器战争的发展,重型铠甲逐渐退出舞台,布面甲应运而生。这种铠甲是以绵织物为甲面,在胸、腹等要害部位嵌入铁片,既轻便又灵活,还可最大限度地减轻弹丸击伤要害。因为布面甲制作容易,价格低廉,可以大批量生产,所以清朝时这种铠甲很流行。贵族盔甲,多用绸缎为表里,中间敷以铁叶,外面钉上金、银或铜钉。一般的官兵的棉甲,内敷棉花,外钉铜钉。这套清代装甲,头盔镀金,护颈及马甲四爪龙,显示了主人的不凡身份。现藏于美国纽约大都会艺术博物馆。

1619年

萨尔浒一役,翦商业定。迁都沈阳,规模远矣。
比於岐、丰,无多让焉。

——《清史稿·卷一·太祖本纪》

萨尔浒大捷

这是一个新生政权为反抗民族压迫,与大明帝国的第一次正面交锋,生死存亡关头激发的同仇敌忾让勇猛和智谋闪出了最亮丽的光彩。没落的帝国已经无力阻止年轻的脚步,进退之间注定的是未来的结局。

时间
1619年(后金天命四年,明万历四十七年)

地点
萨尔浒(今辽宁抚顺东浑河南岸)

主要参战方
明朝、叶赫部、朝鲜
后金

双方主要指挥官
明朝:杨镐、杜松、马林、李如柏、刘铤、姜弘立(朝鲜)
后金:努尔哈赤、代善

参战兵力
明军:约10.3万人,火器数万
后金:约6万,弓箭刀枪若干

伤亡情况
明军:阵亡近5万人,马、骡、驼丢3万余头;火器遗失2万件
后金:不明

影响
明军在东北地区统治开始全面崩溃;
后金政权更趋稳固,对外进攻更加积极

后金天命三年(明万历四十六年,1618年),兵力日盛、信心满满的努尔哈赤感觉对抗明廷的时机已到,经过精心准备,遂于四月十三日,以"七大恨"誓天,列举了明朝政府对后金的七大罪状,发兵征明,并迅速攻克抚顺、东州、马根单等城堡台五百余,掠人畜30万,杀总兵张承胤,获马9000匹、甲7000副。

消息传来,朝野震惊。万历四十七年(1619年),明神宗命兵部左侍郎杨镐为辽东经略,以辽远伯李成梁之子李如柏为辽东总兵官,率兵10万,讨伐后金。议定兵分四路:西路主攻,山海关总兵杜松为主将,由沈阳出抚顺入苏子河谷;北路以原辽东总兵马林为主将,从靖安堡(今东北铁岭市清河区清河水库库区内)出边,叶赫兵2000人随征;南路以李如柏为主将,从鸦鹘关(今辽宁新宾满族自治县苇子峪镇境内)出边;东路由总兵刘铤为主将,出宽甸东进,朝鲜都元帅姜弘立领兵1.3万从征。原定计划是三月初二在二道关(代珉关,今辽宁新宾满族自治县境内)会师,然后合攻后金都城赫图阿拉。

明朝大军来势汹汹,志在必得,早已探到消息

的努尔哈赤与八旗子弟却依然保持沉着冷静，誓要保家卫族，从容应战。努尔哈赤分析了各路明军的出兵路线，认定不能如期到达，于是将各屯寨士卒撤回，只留少数兵力驻守南路、东路，制定了"集中兵力、逐个击破、发挥所长、克敌之短"的策略，让八旗劲旅率先迎击西路主力杜松军。他知道杜松勇健绝伦，但图功心切，便诱其轻骑追驰，而他早已在山林深处设下埋伏，他事先派人堵住浑河上游，使河水变浅。当杜松率2万余人涉险渡河时，努尔哈赤便下令决堤，河水瞬间汹涌而下，淹没了数千明军，其他侥幸爬上岸的士兵又被伏兵所杀。三月一日，在萨尔浒（今辽宁抚顺东浑河南岸，距赫图阿拉60千米）西路明军全军覆没，杜松被斩杀。第二日，努尔哈赤又统军击败了驻守在尚间崖的北路明军，主将马林逃走。

三月四日，东路明军在刘铤的率领下行进至阿布达里岗（距赫图阿拉25千米）。在此之前，坐镇赫图阿拉的努尔哈赤早已令大贝勒代善领兵迎战。代善让一个明军降官拿着杜松的"号矢（令箭）"去找刘铤，谎称杜松军已迫近赫图阿拉，让刘铤迅速前进。刘铤信以为真，立即下令改换轻装，队不成列地匆忙前行。一入埋伏圈，山谷里的后金军队突然冲了出来，明军措手不及，刘铤被杀，朝鲜从征元帅姜弘立带兵全降。李如柏在听闻兵败消息后率南路明

红衣大炮

红衣大炮是欧洲在16世纪初制造的一种火炮，明代后期传入中国，也称为红夷大炮。远射程的红衣大炮结合开花弹，是明朝末期军队对抗后金铁骑的最强武器。

军仓皇撤退。

萨尔浒之战关乎着后金的生死存亡，乾隆皇帝后来评价说："正因为它的大捷，才有了后来的'克辽东，取沈阳，王基业，帝业定'。"

天命通宝图样

出自1895年的《远东古钱币》。"天命通宝"汗钱是后金首任君主努尔哈赤在位的天命年间铸行的货币，汉文素背，字迹清楚，四字直读；满文亦素背，钱径大于汉文天命通宝钱。

1635年

臣于诸国,慑之以兵,怀之以德,四境敌国,归附甚众。……乃者,朝鲜素未输诚,今已称弟纳贡;喀尔喀五部举国来归;喀喇沁、土默特以及阿录诸部落,无不臣服。察哈尔兄弟,其先归者半,后察哈尔携其余众,避我西奔,未至汤古忒部落(西藏),阻于西喇卫古尔部落打草滩地,其执政大臣率所属尽来归附。今为敌者,惟有明国耳。

——《清太宗实录·卷二十》

统一漠南

君一怒而失国,众一怒而破城,征服如果只会使用暴虐和侵掠,那它们带来的绝不是胜利,而是孤立和败亡。在强大又聪明的对手面前,仅有壮志远远不够,团结一切可以团结的力量也许是最佳之策。

时间
1635年

起因
后金政权向蒙古草原扩张受阻;
林丹汗有重新统一蒙古的雄心;
斩断明朝与蒙古之间的联系

交战双方
后金
漠南蒙古

主要指挥官
后金:皇太极、多尔衮
漠南蒙古:林丹汗

结果
漠南蒙古16部49个封建主承认皇太极为可汗;
历代传国玉玺的获得为建立大清提供了依据;
满蒙联合为清朝入主中原奠定了基础

　　明朝末年,中国北方蒙古族以大漠为中心,分为三部分:大漠以南的漠南蒙古、大漠以北的喀尔喀蒙古和大漠以西的漠西蒙古。各部落之间为了抢夺资源彼此之间经常发生征伐,为了获得外部支持,他们基本上都跟后金政权建立了联系。其中漠南蒙古察哈尔部的林丹汗是蒙古帝国第35任大汗,他怀着重建成吉思汗霸业的心思,与逐渐向蒙古地区扩张的后金政权矛盾越来越大。

　　为对付后金的威胁,林丹汗对内加强控制,对外与明朝结盟;后金方面对蒙古各部招诱、联姻、盟誓、威胁、征伐等诸手段的使用一直没停过。后金天命十一年(明天启六年,1626年),努尔哈赤病死,皇太极即位,在辽西与明军之战受阻后,劲敌林丹汗就成为他利用蒙古向明朝进攻道路上最大的障碍。

　　天聪元年(明天启七年,1627年),在内喀尔喀五部覆灭、科尔沁部和察哈尔部左翼归后金的局面下,林丹汗率数万之众西迁,并很快征服了右翼诸部。但不久，蒙古喀喇沁、鄂尔多斯、阿巴亥、阿苏特、喀尔喀诸部因无法忍受林丹汗的欺压掠夺而奋起反抗，组建了十余万人的联军，在土默特部赵城（今呼和浩特地区）将林丹汗4万多驻军尽数消灭，随后带着伤亡惨重的联军与后金结盟，共同对付林丹汗。

天聪二年（明崇祯元年，1628年）二月，皇太极亲自上阵，先率领众精骑前往敖不伦（今辽宁西部大凌河上游）突袭察哈尔所属的多罗特部，俘获1万多人。后又在九月率领诸贝勒大臣、八旗军队以及归附的联盟军队，大举西征察哈尔，吞并了察哈尔及哈喇慎之故地。林丹汗仅据有宣府边外以西的河套和土默川一带。

天聪六年（明崇祯五年，1632年）四月初一，皇太极会同归附的蒙古各部率兵再征林丹汗，而林丹汗早先就接到了后金军来袭的消息，带着部众仓皇逃往归化城（今呼和浩特）了。皇太极进归化城后，俘获甚众，土默特余部亦降。七月二十四日，皇太极领兵回到沈阳。此行虽然没有抓到林丹汗，但也给了他致命的打击。他东躲西藏，原本拥有的30多万部众也所剩无几，最后于天聪八年（明崇祯七年，1634年）在青海大草滩病逝。

林丹汗死后第二年，其儿子额哲及林丹汗的三福晋苏泰太后降后金，并献上元朝历代传国玉玺。蒙古帝国正式宣告灭亡，漠南蒙古也归后金版图。后清朝康熙年间，林丹汗的孙子布尔尼举兵反清，失败后后嗣断绝。

林丹汗与皇太极

林丹汗	皇太极
出生于1592年，1634年因天花死于青海大草滩	出生于1592年，1643年猝死于沈阳故宫
13岁继汗位，为蒙古帝国第35任大汗	34岁继后金大汗位，44岁定国大清称帝
一生以恢复蒙古统一，以重建成吉思汗的霸业为目标	以入主中原，成为天下之主为目标
初即位时，仅被各自为政的漠南各部奉为名义上的共主，漠北的外喀尔喀和漠西的卫拉特根本不认可其地位，东面的后金正逐渐统一和强盛。面对困境，制定对外联明抗金，对内谋求蒙古部落统一的战略	初即位时，后金处于明朝、蒙古和朝鲜包围中，内部贵族权力分散，冲突不断。面对困境，制定先征朝鲜和漠南，再全力进攻明朝的战略，对内安抚诸势力，外部对明朝讲和，重用汉将
信仰上由黄教改红教，加剧了蒙古诸部的离心力，同时对于蒙古内部政策的过于严厉，最终导致统一蒙古内部失败，自己也因后金与明朝的渗透分化而逐渐陷入孤家寡人的境地	面对劲敌袁崇焕，暂缓对明朝攻击，先平定蒙古诸部，对内推行新政，铲除威胁汗位的三大贝勒势力，加强专制。在此过程中，成功利用反间计让明朝杀了袁崇焕，然后入兵朝鲜，变其为藩属
病死后，其子降金，清康熙年间孙子布尔尼举兵反清失败，后嗣断绝	平定漠南后，加快进攻明朝步伐，松锦之战胜利后，清军入关在即，忽猝死。其子福临成为大清定都北京后的第一任皇帝

1636年

崇德元年夏四月乙酉，祭告天地，行受尊号礼，定有天下之号曰大清，改元崇德，群臣上尊号曰宽温仁圣皇帝，受朝贺。

——《清史稿·卷三·太宗本纪二》

皇太极立清

历经战火的洗礼，一位雄才大略的天聪汗把目光超越既定的守成，定在了开创新局面上，规划着一个更大的未来。在他踌躇满志又信心满满的决心里，一个新王朝的历史篇章就此开始了。

时间
1636年

国号
大清

地点
盛京（今辽宁沈阳）

建立者
爱新觉罗·皇太极

行政机构
内三院、六部

监察机构
都察院

民族机构
理藩院

重要藩属
李氏朝鲜

军队兵种
骑兵、炮兵与步兵

设立新政

爱新觉罗·皇太极（1592年—1643年），努尔哈赤的第八个儿子。他自幼聪明伶俐，学识过人，且为人稳重，举止端庄，深受努尔哈赤的喜爱。尤其是在后金与明朝的第一次大决战——萨尔浒之战中，他与大贝勒代善在阿布达里岗大败明军，为此次战役的胜利立下了汗马功劳。

天命十一年（1626年）八月十一日，努尔哈赤在瑷鸡堡（今辽宁沈阳城南大爱金村）病逝。同年九月一日，皇太极继位为汗，改第二年为天聪元年，称天聪汗。即位后的他不再像努尔哈赤那样只依靠武力征服，而是逐步调整国家的政策，参考明朝的体制，以此建立自己

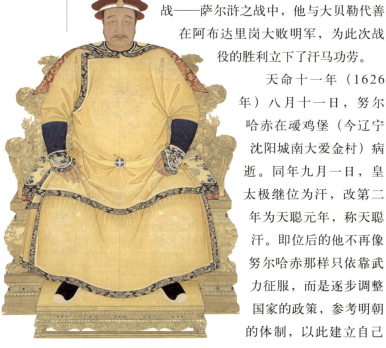

皇太极朝服像

的政治体系。

　　此前后金占领辽河平原后，曾强占汉人田地，俘虏汉人为奴为婢，甚至将种地的汉人每13人编为1庄，沦为女真人的私人财产，致使辽东汉民或逃亡他乡，或激烈反抗。由此不仅让女真人为此付出了不小的代价，也使后金国内出现了丁壮锐减、田园荒芜的现象。于是，皇太极首先改变了对汉人的政策，规定汉人的"庄"直属于金国汗王，并由汗王选派的汉官辖治。同时，皇太极下令女真人也需与汉人一样纳税，惩处一致。

皇太极调兵木质信牌
圆形，上雕朵云，正面饰一回首行龙；中部下凹，红底金字，以满、汉、蒙三种文字书写"宽温仁圣，皇帝信牌"八字。此信牌为皇太极专用，是他调动军队的凭证。

清·镶青玉填金花鸟图八扇屏
屏风是清代官宦人家放在大厅里挡风或是作为屏障的家具，一般都是硬木框绢裱的芯，一共八扇，每一扇都画有历史人物故事，或写着诗词歌赋。此八扇屏正反面均镶嵌有40块青玉，一边青玉之上嵌金丝花鸟纹，一边嵌山水楼阁纹。气势磅礴，体制雄浑，为清代家具的精品。

随后，由于汉人逐渐增多，皇太极考虑到汉官更了解汉族的习俗文化，并且易于被汉人接受，便开始重用一些汉官，范文程便是其中一个例子。

为了便于在汉人中选拔人才，皇太极沿用了明朝的科考制度。他先是令为奴的生员进行考试，得中者不仅恢复其自由身，还予以嘉奖。随后又举行汉人生员考试，从取中者再取举人，加以重用。是年，皇太极还设立了一个文馆，专门用来译书和记录政事，直到天聪七年（1633年），文馆被扩建为内三院（国史苑、秘书苑和弘文苑）。

此外，皇太极还实行了改革，逐步完善政权机构。天聪五年（1631年），皇太极沿用明朝体制设立六部，每部由管理大臣节制，其下又设三名"承政"（尚书），分别由女真人、蒙古人和汉人担任。又先后设立都察院、蒙清理藩院，用来专门处理民族事务。如此一来，便形成了"三院六部二衙门"的政治体系。

其后，皇太极废除了"三大贝勒并坐制"，改为自己"南面独坐"。

清朝皇族爵位表

爵位	获爵条件和地位
和硕亲王	简称亲王，清朝宗室和蒙古外藩爵位的第一等爵。宗室唯皇子、皇兄弟可以获得此爵位，在外藩蒙古位居在大汗之下
多罗郡王	简称郡王，清朝宗室，蒙古、新疆、西藏外藩封爵之第二等。皇子、宗室子、外藩得封之，和硕亲王世袭者，承嗣者封多罗郡王
多罗贝勒	简称贝勒，清朝宗室、蒙古贵族之第三等爵
固山贝子	简称贝子，清朝宗室封爵名，王公以下九等爵以封宗室，为四等爵
奉恩镇国公	清朝宗室、觉罗、外藩爵位，为五等爵，除继任者以外，其嫡出馀子年二十岁按例得推封一等辅国将军
奉恩辅国公	清朝宗室、觉罗、外藩爵位，为六等爵，为入八分公当中最低等级的爵位
不入八分镇国公	清朝宗室爵位，为七等爵，主要包括宗室特恩封公、亲王庶子封公、世子嫡子封公及有过降为公的镇国公
不入八分辅国公	清朝宗室爵位，为八等爵，主要包括宗室特恩封公、亲王庶子封公、世子嫡子封公及有过降为公的镇国公，以及不入八分镇国公嫡子
镇国将军	为宗室封爵的第九级，为不入八分公的一种
辅国将军	为宗室封爵的第十级，有功封、恩封、袭封，另贝勒侧室子、奉恩镇国公嫡出馀子年二十岁按例得推封一等辅国将军，贝子侧室子、奉恩辅国公嫡出馀子年二十岁按例得推封二等辅国将军
和硕亲王别室	所居妾媵子、奉恩镇国公侧室子、不入八分公及一至三等镇国将军嫡出馀子年二十岁按例得推封三等辅国将军
奉国将军	为宗室封爵，属不入八分公之一
奉恩将军	属宗室封爵第十二级，为最低级

表面上只是坐与不坐的问题，但实际上却牵涉到了皇权时代的根本——君权。所以，"南面独坐"其实是一个体制的象征。

满与大清

后金政权通过以上种种措施，其在北方的统治逐步得到了稳定。于是，皇太极便做了两件彪炳青史的大事——改族名、建大清。

天聪九年（1635年）十月十三日，皇太极正式宣布将族名改为"满洲"（满族），满洲族至此便正式作为一个民族出现。次年四月十一日，皇太极在盛京（今辽宁沈阳）的皇宫大政殿举行登基大典。适时代表满洲的和硕贝勒多尔衮、代表蒙古的土谢图汗济农巴达礼、代表汉官的元帅孔有德，分别手捧满字、蒙古字、汉字表文。诸贝勒、满洲八旗与蒙古八旗固山额真、六部大臣、孔有德、耿仲明、尚可喜、外藩蒙古贝勒以及满、蒙、汉文武官员等，亦齐聚一堂，正式祭告天地，恭请天聪汗皇太极受"宽温仁圣皇帝"尊号。皇太极即位后，改国"大金"为"大清"，改年号"天聪"为"崇德"。

至此，中国历史上名副其实的清朝诞生了。

孝庄文皇后像

孝庄文皇后（1613年—1688年），博尔济吉特氏，名布木布泰（亦作本布泰），蒙古科尔沁部人，是中国历史上有名的贤后。孝庄先后辅佐前清三代帝王，对满族的入关、灭明朝和巩固对汉族的统治起了极大的作用。又礼遇汉人，吸取金、蒙古之教训，并对西方知识极为尊重，对康熙帝起极大之启蒙作用。孝庄手段高明，才能出众，但却不恋栈权位，对少年康熙的谋策颇有指点，但从未越俎代庖。其一生为清朝前期强盛的国力打下了基础。

1640年—1642年

太宗神谋勇略，制胜出奇，破明兵十三万，如摧枯拉朽，指顾而定。

——《皇清开国方略》

决战松锦

九塞之精锐，举国之粮刍，尽付一战，结果却是四城失陷，兵亡将降。经营多年的防线最终抵不过庙堂之上的盲议，命悬一线的危机也没阻止将官之间的掣肘，当畏死保命成为主流时，结局就已经注定了。

时间
1640年—1642年

地点
锦州、松山

交战双方
大清、明朝

主要指挥官
清：皇太极、多尔衮、济尔哈朗、多铎
明：洪承畴、杨国柱、吴三桂、唐通

参战兵力
清：约5万
明：约13万

伤亡情况
清：不详
明：阵亡5万余人，遗失马7千多匹，甲胄9千多副

结果
明朝关外城池仅剩宁远，九边精锐尽丧；
清军入主中原指日可待

烽火又起

崇德五年（明崇祯十三年，1640年），皇太极为消灭明朝主力，继萨尔浒之战、沈辽之战后又发动了松锦之战。

锦州是明朝辽西的军事重镇，周边有杏山、松山、塔山三城护卫，西60千米外有宁远城为后盾。如果不先攻克锦州、宁远，想要拿下山海关几乎是天方夜谭。当时镇守锦州的是明朝第一勇将挂征辽前锋将军印的总兵官祖大寿，有这位袁崇焕手下最得力的大将据城固守，清军才会屡攻不克。

为了确保胜利，皇太极对过去数次攻打锦州的经验加以总结，从而制订出了新的战略方案——围城打援。三月，他下令让和硕郑亲王济尔哈朗、贝勒多铎率领兵包围锦州，将祖大寿等明将困在城中，一困就是一年。

不久后，驻守锦州外城的蒙古贝勒诺木齐等人秘约降清，待济尔哈朗率军攻下外城后，蒙古上下6200多人顺势归降。

突围

崇祯帝听闻消息后十分震惊，当即下令派遣蓟辽总督洪承畴带兵前去增援。洪承畴（1593年—1665年），万历四十四年（1616年）进士，因镇压农民军立下功劳而一路升迁。这次支援锦州，他共带了8位总兵（东协总兵曹变蛟、辽东总兵王廷臣、蓟州总兵白广恩、山海总兵马科、宁远总兵吴三桂、宣府总兵杨国柱、大同总兵王朴、密云总兵唐通），13万大军和4万匹马，从宁远北进，步步为营，且战且守。他这一路积极备战，打算与清军长期作战，但兵部尚书陈新甲和崇祯帝却偏信辽东监军张若麒轻敌冒进之言，甚至还派了一名监军去催促他进兵锦州。洪承畴无奈之下只好加快前往锦州，与清军速战速决。

而这一做法正合了皇太极的心意。他根据明军首尾无法相顾的弱点，制订出挖掘壕沟、断敌粮草的方案，令士兵们沿着锦州西面往南的方向迅速挖掘三道壕沟，贯穿松山、杏山，直到海口，将明军围困其中，断绝他们的一切粮饷来源。洪承畴率兵进攻，但未能突围。

这时的明军无论是兵力还是火器，其实力都远超清军。在这种被断绝后路的情况下，如果拼死厮杀还能险中求胜。但十年来的连战连败和朝廷腐败已经让各级将领失去斗志，大难当前，唯想着如何保命。

铜火铳
明军的头号武器铜火铳，它是明朝军队使用最频繁、产量最多的火器。

眼下粮饷即将断绝，将士们惶恐不安。危急关头，洪承畴立即召集诸位将领商议，想要倾尽全力一战。但诸将却心生胆怯，他们不愿死战，一致要退守宁远。洪承畴无奈之下只好下令明日突围，他说："我们守也是死，战也是死，但如果放手一战说不定还能置之死地而后生。我已决定明日孤注一掷，希望各位明日全力应战。"说完，他派遣八总兵为左右路，为明日突围做准备。

但皇太极早已预料到明军要突围，他早令清军进入汛地（明清时军队驻防地段），准备拦截明军。

崇德六年（明崇祯十四年，1641年）三月二十一日晚初更时分，明军大同总兵王朴趁夜率先带兵逃跑，宁远总兵吴三桂、密云总兵唐通、宣府总兵李辅明、山海总兵马科、蓟州总兵白广恩五位总兵随后也仓皇逃离。由于夜里路途难辨，又被伏击，明军且战且逃，步骑之间相互踩踏，清军便趁势追击，直到二十九日，共斩杀明兵5万多人，获得马匹7千多匹，甲胄9千多副。最后，

"九塞尊崇第一关"雁门关

雁门关位于中国山西省忻州市代县县城以北约20千米处的雁门山中,由关城、瓮城和围城三部分组成。北通塞外高原,南接中原腹地,因地势险要,咽喉要津,而被历来兵家所倚重。

8位总兵只有吴三桂带领部分残兵逃至杏山、宁远,而洪承畴则带着一路跟随他的曹变蛟、王廷臣两位总兵,以及余下明军退至松山,固守城池。

决战

清军随即分围锦州四城,松山城内兵不过万,外无救援,内无余粮。洪承畴策划了几次突围均以失败而告终。崇德七年(明崇祯十五年,1642年)二月,副将夏成德无奈之下以其子夏舒为质,密约清兵为内应,引兵入城,洪承畴被擒,绝食无果后剃发降清。曹变蛟、王廷臣以及辽东巡抚丘民仰被杀。三月,粮尽之后镇守锦州的祖大寿率军投降,后被皇太极授予汉军正黄旗总兵职位。四月,清军又相继攻下塔山、杏山,并毁二城。至此,松锦之战以明军的彻底失败而告终。此役之后,明朝苦心经营多年的关宁锦防线宣告崩溃,九边精锐损失殆尽,仅剩山海关的吴三桂部。

九边重镇(兵力占全国三分之二)

镇名	镇守地	管辖长城范围
辽东镇	初驻广宁(今辽宁北镇市),隆庆后冬季驻东宁卫(今辽宁辽阳市)	东起丹东市宽甸县虎山南麓的鸭绿江畔,西至山海关北锥子山,全长970余千米
蓟州镇	初驻桃林口,后移迁安寺子岭,天顺年又移三屯营(今河北迁西县境内)	东起山海关,西至慕田峪,全长880余千米
宣府镇	驻宣府卫(今河北张家口市宣化区)	东起慕田峪渤海所和四海治所分界处,西至西阳河(今河北怀安县境),全长510多千米
大同镇	驻大同府(今山西大同市)	东起镇口台(今山西天镇县东北),西至鸦角山(今内蒙古清水河县口子村东山),全长330多千米
太原镇	初驻偏头关(今山西偏关县),后移驻宁武所(今山西宁武县)	西起河曲(今山西河曲县旧县城)的黄河岸边,经偏头关、老营堡、宁武关、雁门关、平型关,东至太行山岭之真保镇长城,全长800多千米
延绥镇	初驻绥德州(今陕西绥德县),成化以后移治榆林卫(今陕西榆林市)	东起黄甫川堡(今陕西府谷县黄甫乡),西至花马池(今宁夏盐池县),全长880多千米
宁夏镇	驻宁夏卫(今宁夏银川市)	东起花马池,西至宁夏中卫喜鹊沟黄河北岸(今宁夏中卫市西南),全长约1000千米
固原镇	驻固原州(今宁夏固原市)	东起延绥镇饶阳水堡西界,西达兰州、临洮,全长约500千米。明后期改线重建,西北抵红水堡西境与甘肃镇松山新边分界
甘肃镇	驻甘州卫(今甘肃张掖市)	东南起自今兰州黄河北岸,西北至嘉峪关讨赖河一带,全长约800千米

1644年

正值闯贼构乱，召卫神京，计不能两全，乃乞师本朝（清朝），以雪君父大仇。

——《平西王吴三桂传》

吴三桂献关

前朝覆灭，大敌临前，是孤身作战，拼死守关？还是投靠宿敌，献关迎清？最终，生死关头一代枭雄选择了畏死保命，为自己留下继续富贵之路的同时，也为中原易主打开了最终之门。

时间

1644年

原因

明朝覆灭，失去倚靠；
内不敌李自成，外难挡多尔衮

自保策略

先投李自成，因父亲被拷夹、陈圆圆被掳复叛；
后联清攻李，危急关头被迫降清献关

结果

李自成损失惨重，兵败西走；
清军入主中原，迁都北京；
吴三桂封以故土，晋为平西王

明覆投李

吴三桂（1612年—1678年），字长伯，江苏高邮人，出身于武将家庭，自幼就擅长骑射，曾中过武举，又蒙父荫出任都督指挥。从青年开始，吴三桂便随父出征，从而小有声誉。多年的征战生涯丰富了吴三桂的阅历，并锻炼了组织能力，以致在明末动荡多变的政局下，他能游走于各种政治势力之间，左右逢源。

崇祯十七年（1644年）年初，李自成起义军从西安出兵，北渡黄河，在极短的时间里连下临汾、太原、真定、宣府、大同，目标直指明朝京师——北京。此时的明军主力在与清军的战斗中损耗殆尽，危急关头，明朝便将希望寄托在了拥有重兵驻守关外的吴三桂身上。以蓟辽总督王永吉、太常少卿吴麟征为首的明朝大臣纷纷上奏，要求将驻守宁远的兵力调入京师。于是，崇祯皇帝于二月间召见了吴三桂的父亲吴襄，先是询问了吴三桂的兵力情况，擢升吴襄为中军府都督，随后又于三月五日加

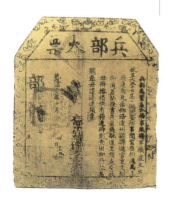

兵部火票

兵部火票是清朝传递军机大事紧急文书的凭证，也是驿道使用的凭证。

封吴三桂为平西伯，下诏令他即刻带兵入京，保卫京师。

此时的宁远城因中后所、前屯卫、中前所三城的相继失守，已经是清军包围下的一座孤城。为了保全身家性命，吴三桂在接到诏书之前就已经有了撤守宁远的想法。是以诏书一下，吴三桂便带领宁远的兵民撤到山海关，然后从山海关行至距北京数百里的永平。然而还没等吴三桂率师进京，三月十九日，明朝便被李自成的起义军推翻了。

三月二十三日，吴三桂抵达蓟州后才得知明朝覆灭的消息，在京的绝大多数明朝官员也纷纷投靠明末农民起义领袖李自成。眼下敌我实力悬殊，为了保全自己的权力与地位，或许还为了荣登新王朝佐命功臣的幻想，吴三桂便有了归顺李自成之意。恰巧李自成也派来了招降人员李甲、陈乙，于是吴三桂便带领部众向西前行，还在沿路大肆宣告自己是入京朝见新主的。

圆圆曲(节选)

鼎湖当日弃人间，破敌收京下玉关。
恸哭六军俱缟素，冲冠一怒为红颜。
红颜流落非吾恋，逆贼天亡自荒宴。
……
尝闻倾国与倾城，翻使周郎受重名。
妻子岂应关大计，英雄无奈是多情。
全家白骨成灰土，一代红妆照汗青。
君不见馆娃初起鸳鸯宿，越女如花看不足。
香径尘生鸟自啼，渫廊人去苔空绿。
换羽移宫万里愁，珠歌翠舞古梁州。
为君别唱吴宫曲，汉水东南日夜流。

陈圆圆像
陈圆圆，生卒年不详，原名陈沅，明末青楼名妓，吴三桂的妾室。陈圆圆被李自成的部将囚禁宫中，成为吴三桂引清军入关的原因之一。

冲冠一怒

就在吴三桂刚决定归顺李自成，并向北京派出约降使者没多久，农民军领导人刘宗敏、李过等人便开始对俘获的在京明朝官员进行拷夹（拷刑与夹刑）、追赃，吴三桂的父亲吴襄也在被拷夹之列。不久，吴三桂收到了父亲吴襄的求救私函。此时，李自成意识到了吴三桂对于自己巩固政权的作用，他即刻令左都督刘宗敏释放吴襄，并让吴襄给吴三桂写信，劝告他投降。当降将唐通、降官王则尧、张若麒、左懋泰等人带着吴襄的劝降信和大批银两赶到吴三桂的军中时，看着迟了一两天的招降人员，握着父亲两封内容截然相反的信件，吴三桂心生怀疑：是不是李自成想要诱骗他进京，然后一举消灭他？

明末，封建士大夫花重金购置美妾已成风气，吴三桂也不例外。就在他举棋不定时，爱妾陈圆圆被刘宗敏抢走的消息又传入耳中。陈圆圆原姓邢，名沅，字圆圆，自幼色艺双绝，名动江左，为吴中名优，后以千金之资归吴三桂，刘宗敏的这一行为促使动摇中的吴三桂下了决心。盛怒之下，吴三桂立即率兵折返山海关，并回信给自己的父亲表示与李自成决裂。

就形势而言，这一决定并非明智，关内是李自成的重兵，关外是强大的宿敌多尔衮。腹背受敌，稍有不慎一场恶战在所难免。既然断了归顺李自成之路，就只好把目光转向雄踞东北的清朝政权了。

联清击李

但想要归降清朝却并不是件容易

满族最传统的礼仪

见面礼	叩头礼	小辈见长辈、平民见王公贵族、奴仆见主人
	顶头礼	久别重逢的老夫妻
	抱见礼	长时间没见面的至亲好友。平辈之间抱肩贴面，晚辈见长辈时则是抱腰贴面
	执手礼	长幼之间、平辈之间、朋友之间、亲属之间均可使用
	鞠躬礼	平日亲朋之间相见的礼节
	擦肩大礼	主客之间用一肩头互相摩擦几下，表达客人对主人的感激之情
请安礼	打千儿礼	男子常用。左腿前屈，右腿半蹲，左手扶左膝，右手下垂，口称"请阿玛安"或"请额娘安"
	跪安礼	男子常用。垂手低头，双手扶双膝，双膝跪地，口称"给某某请安"
	蹲安礼	女子对长辈。双脚平行，双手扶膝，弓腰弯膝，口称"请某某大安"
	抚鬓礼	女子平辈之间。直视对方，以右手抚摸三下额角，同时向对方点几下头，以示问候
告别礼	打横	客人辞行礼。回身退后一步，双手贴身横走一两步，然后向主人点头，以示告辞

清·八大山人·群鹿图

八大山人朱耷是明朝宁献王朱权的后裔，鹿在大明宗室的眼中是神物，代表了吉祥。在这幅《群鹿图》中，岩壑壁立、古松横生，岩下群鹿聚集，前后坡石、树木、山壁以重墨为之，中间地带留白，形成空间的压缩和黑白对比。身处荒凉野外的群鹿带有忧郁、茫然的神情。群鹿中八只挤缩一起，动作各异，从精神上表达了八大山人特别"心印"，宣泄家国之痛和满腔的愤懑。款署"八大山人"亦是"哭之、笑之"，足以表达其胸中矛盾，既表达画面题材的吉祥进取，又释然心灵深处的隐痛。

的事情。明清之间多年交战，敌对已久，若是归顺清朝会不会反被李自成制造一个讨伐的借口？再者，军中情绪对清朝也十分仇恨，若是自己倒向清朝，军队会不会因此叛变？并且，皇太极在世时曾多次招降，都被自己拒绝了，现在走投无路再去归顺，清朝是否会同意？万一归降不成反使处境更困难呢？

经过再三思虑，吴三桂决定先制造他和清兵联合攻打山海关的假军情，试探李自成等各阶层政权的反应，随后又四处散发复辟檄文，煽动在京的士绅官僚为崇祯服丧。前者并未引起各阶层人士的反感，而后者得到了许多亡明官员、士绅以及儒生的同情与支持。得知这些消息后，四月初十左右，吴三桂决定实行"联清击李"的政策。

他给清军主帅多尔衮写一封求援信，在信中，他以明朝臣子的身份表明了他"联清击李"的立场，并愿意在消灭起义军后用"子女玉帛"和部分土地作为报酬。他还要求清兵从喜峰口、龙井关、墙子岭、密云（这些地方均是清兵进入明境走过的旧路，也是李自成大军驻扎的地方）等处进入明境，而自己率领部众抵御都门。可以看出，吴三桂一开始并不是要让清朝入主中原，是既想确保自己的安全，又能提防清军假途灭虢，在清军与李自成的主力相争时，自己还可以坐收渔翁之利。

多尔衮像
多尔衮（1612年—1650年），满洲爱新觉罗氏，努尔哈赤第十四子，皇太极之弟，封贝勒，后因战功封和硕睿亲王。多尔衮对顺治摄政时期和清军入关，以及对清朝开始在中国近300年的统治起了决定性的作用。

但就在吴三桂派出的使者刚携带书信出发后不久，局势起了变化。四月初，当吴三桂连续击败降将唐通、白广恩后，意识到山海关局势严重性的李自成先是增派数万名兵将与大炮东援，随后又派出数万骑兵奔赴战场。如果山海关成为主战场，吴三桂孤势难支，即便清军从中协、西协等处入境也解救不了他。危急关头，吴三桂只好紧急请求清兵从山海关进兵，直言："若及此时促兵来救，当开山海关门以迎大王。大王一入关门，则北京指日可定，愿速进兵。"

多尔衮此喜非小，意识到这正是夺取中原的大好时机，于是一接到吴三桂的来信，便率大军向山海关进发，并迅速回复吴三桂，许诺他"封以故土，晋为藩王，子子孙孙，长享富贵"。

献关迎清

四月十三日，李自成亲自率领6万大军奔赴山海关。他怎么也没想到吴三桂敢勾结清军入关，在他看来，且不说双方兵力相差甚远，吴三桂父亲吴襄和家属都在自己手里。而且他还带上了崇祯帝的两个儿子同行做幌子，吴三桂没理由不归降。

吴三桂一得知消息，便令人在位于北京东面的三河县亲自恭迎李自成大军，向他表示归降之意，借此拖延时间，等待清兵抵达。随后，吴三桂又马上写信给多尔衮，请求他"速整虎旅，直入山海"。

要不是吴三桂派去接洽投降的使者试图逃跑而暴露了吴三桂诈降的意图，李自成还被蒙在鼓里，双方在石河短兵相接，但此时已经失去了夺取关门的最佳时机。四月二十一日，多尔衮抵达关门附近，他当即部署战事，打算利用当下吴三桂所处的危急处境，逼迫他彻底归降清朝。

此时的山海关已经危在旦夕，吴三桂军内也因为李自成军队接连几天的强大攻势而出现了瓦解的迹象。当吴三桂得知多尔衮率领清军停在关门前五里处时，立即派遣使者前去请他入关。起初多尔衮以防有诈，按兵不动，直到使者往返八次后，吴三桂终于让步，愿意剃发归顺清朝，献上包括北京在内的黄河以北的大片领土，并允许清兵入关。

多尔衮率领清军入城后与吴军联合，与李自成的小部分农民起义军在山海关外的一片石展开交战。次日，石河决战爆发。依照约定，吴三桂先率领军队与李自成大军进行正面交锋，就在战事进行到最激烈的时刻，清军忽然从后方突袭，对李军展开猛烈进攻。

李自成事先并不知道清军入关的消息，加上农民军连日作战，士气大不如前，哪里敌得过清吴联军的猛烈攻势？李自成大军伤亡惨重，不得已于四月二十六日撤军回京。关门既失，北京告急，二十九日李自成草草即位于武英殿后即仓皇退出北京城，率军西行。

同年五月二日，清军进入北京，并宣布迁都于此。吴三桂因为献关有功，被晋爵为平西王。

满洲皇帝玺印文（汉满文）：大清嗣天子宝

山海关

山海关北靠燕山，南临渤海，扼守华北与东北之间狭长的陆路交通要道，自古以来就是兵家必争之地。明末镇守山海关的将领吴三桂与清摄政王多尔衮合作，在山海关前击溃了前来征讨的李自成军，并带领清军大举入关，由此导致了李自成大顺政权和南明政权的覆亡。

1643年

八年秋八月庚午，太宗崩，储嗣未定。和硕礼亲王代善会诸王、贝勒、贝子、文武群臣定议，奉上嗣大位，誓告天地，以和硕郑亲王济尔哈朗、和硕睿亲王多尔衮辅政。……丙戌，以即位期祭告郊庙。丁亥，上即皇帝位于笃恭殿。诏以明年为顺治元年，肆赦常所不原者。颁哀诏于朝鲜、蒙古。

——《清史稿·卷四·世祖本纪一》

福临登基

皇权之争，兄弟阋墙。而年幼的他本无缘政权，却未曾想到有朝一日竟能脱颖而出，荣登宝座。这场皇位争夺战最终以和平且戏剧性的结局告终，历史为这位幼主打开了君临天下的大门，也为清初的强盛奠定了基础。

时间
1643年

地点
盛京笃恭殿

起因
皇太极暴卒，储嗣未定

皇位竞争者
睿亲王多尔衮、肃亲王豪格

最终受益方
福临：荣登帝位；
多尔衮：任摄政王，掌握朝政实权；
济尔哈朗：任辅政王

人物典故
独宠董鄂妃、出家之谜

各方势力

崇德八年（1643年）八月初九，清太宗皇太极暴卒。但由于他生前储嗣未定，且未对后事做出任何安排，于是，一场围绕着皇权的激烈争夺战即将展开。

清朝入关以前，继嗣是由满洲贵族诸王来议立的。当时，清皇朝中共有七位权势较大的亲王、郡王，分别是礼亲王代善、郑亲王济尔哈朗、睿亲王多尔衮、肃亲王豪格、武英郡王阿济格、豫亲王多铎和多罗郡王阿达礼。

礼亲王代善是清太祖努尔哈赤次子，也就是皇太极的兄长，但彼时的他已经60多岁了，手握的又是八旗中最弱的正红、镶红两旗，是

清朝武士胄甲之一
铠甲的一种，是古时行军打仗时战士穿上用以护身的装备。分为甲衣和围裳，有护肩、护腋、护心镜、前挡、左挡、蔽膝等。

以并无争位之心。而与他想法一致的还有郑亲王济尔哈朗，济尔哈朗虽然军功赫赫，手握镶蓝旗，曾于皇太极抱病期间参与处理军国大事，但他却只是努尔哈赤的侄子，几乎没有继位的可能。

因此，这场皇位之战中最具有强大竞争实力的便是睿亲王多尔衮和肃亲王豪格。

肃亲王豪格不仅位列四大亲王之一，又是皇太极的皇长子。他自幼就跟随皇太极征战沙场，军功卓越，直接握有代表皇权势力的正黄、镶黄和正蓝三旗，并受三旗大臣拥立。而多尔衮只是努尔哈赤的第十四子，即皇太极的异母弟弟。他虽比豪格还要小三岁，但却是骁勇善战、才干出众，因而极受皇太极的赏识，又在军中威望甚高，被封亲王后更是直接参决军国大事，是以其地位早已跃居诸王之上了。再加上当时他身边人才济济，有同母兄武英郡王阿济格和同母弟豫亲王多铎的帮助，三兄弟手握正白、镶白两旗，多尔衮则受两白旗大臣的拥立。

夺位之争

于是，清廷内部便形成了两大严重对立的派系，一派拥立睿亲王多尔衮，另一派则拥立肃亲王豪格。他们双方之间都握有重兵，实力旗鼓相当，为争夺皇位一时间剑拔弩张，不肯退让。

顺治帝像

顺治帝（1638年—1661年），名福临，爱新觉罗氏，是清朝入关以后的第一位皇帝，清太宗皇太极第九子，6岁继位，由叔父摄政王多尔衮辅政，14岁亲政。在位期间，清朝对汉民族的统治矛盾比较尖锐，发生了"剃发易服""文字狱"等重大历史事件。24岁病逝于禁宫内，庙号世祖，葬于清东陵的孝陵。

但同时，他们双方又互相忌惮，谁也没有以兵力完全碾压对方的把握。为此，双方只好加紧开展私下活动。

以图尔格、索尼、图赖、龚阿代、鳌拜、谭泰、塔瞻为首的六位两黄旗大臣已经明确拥立豪格的立场，他们齐集于豪格家中，策划拥立豪格即位，甚至"共相盟誓，愿死生一处"。于是豪格又派人去打探济尔哈朗的意向，济尔哈朗则表示自己是同意拥立豪格的，但要先与多尔衮商议。

而此时的多尔衮也在探听两黄旗各大臣的意向，索尼等人却直截了当地

顺治五式

又名顺治"满汉文"式，始铸于顺治十七年（1660年），停于顺治十八年（1661年），户部提准十四个地方局按照顺治四式的规格重新开铸新钱，其背文由本省满文局称和汉文局称组成，故名。如同、宁、东、江、宣、原、蓟、昌、河、临、浙、陕字等。

回复他："先帝有皇子在，必立其中之一，其他非我所知也！"如此一来既表明了两黄旗大臣立场的坚定，也令多尔衮倍感压力。于是他便想到与自己地位相当的济尔哈朗，但他们二人之间平时就有竞争，万一弄巧成拙使得济尔哈朗站到了豪格那边，那么自己必然是得不偿失的。至于代善，他老谋深算，是绝对不会为了皇位之事轻易得罪某一方的。多尔衮再三思忖，决定另辟蹊径，用变通的方式来掌控大权。

议立君主

皇太极逝世后的第四天，多尔衮在崇政殿召集诸王大臣，共商议立新君之事。黎明时分，两黄旗大臣盟誓于大清门，并以精锐部队将整座宫殿围住，氛围一下子变得紧张起来。

会议一开始，以索尼等人为首的两黄旗大臣便表明拥立豪格为君的坚定立场，另一边阿济格、多铎则针锋相对，拥护多尔衮。而这时多尔衮一直在审时度势，并没有急着发言。多铎见他迟迟没有开口，索性站起来说："哥哥推辞，要是众大臣没有意见不如就立我，当年太祖（努尔哈赤）的遗诏中也有我的名字。"多铎的一番话使得这场皇位之争更加混乱。多铎便继续说道："如果不立我，论年长就该立礼亲王代善。"他的意思十分明确，立谁都不能立豪格。

这时，代善只好站起来提出了一个模棱两可的意见："我已经老了，恐怕难以胜任君主。如果睿亲王愿意答应，那就是大清朝的福气，不然的话还是应当立皇子为储君。"

多尔衮仍是不开口，济尔哈朗也保持着沉默。参与政治斗争本就需要极大的勇气与智慧、谋略与耐心，但豪格却做不到这一点，他怒然站起，说道："我福小德薄，不敢担此重任！"说完便气恼地拂袖而去。两黄旗的将领们当即佩剑上前，表示如果不立皇子，宁愿就此"从帝于地下"。

形势一下子变得紧张起来，代善连忙说道："我虽然是先帝的兄长，但年纪大了早已不干预朝政之事了，所以议君之事我就不便参与了。"说完代善就离开了。

此时豪格拥有两黄旗与正蓝旗的坚决拥护，就连手握镶蓝旗的济尔哈朗和手握正红、镶红两旗的代善也偏向于他。在这种紧张的情势下，如果多尔衮勉强即位，也一定是落得个引火烧身的结局。于是，聪明的多尔衮便对众人说道："诸位王爷大臣言之有理，我也赞成拥立皇子，但眼下豪格主动退出，无心继承大统。我建议拥立福临为帝，我与济尔哈朗共同辅政，直到他年长之后当还政于他。"

皇太极一共有11个儿子，其中4个儿子早夭，在剩下的7个儿子里，其母妃有地位的只有福临和博穆博果尔。福临是皇太极与庄妃之子，时年6岁，而博穆博果尔只有2岁而已。

多尔衮的这一提议大大出乎了在场众人的预料。福临既是皇子，两黄旗大臣便无话可说了。而济尔哈朗能从中占到便宜，当即也表示了同意。多尔衮便派人去请回代善与豪格，代善当然不会反对，局势基本已定，豪格再无翻转可能，也只好被迫同意。于是，6岁的福临就这样被推上了至高无上的皇位。

福临登基

崇德八年（1643年）八月二十六日，福临在盛京笃恭殿即位为帝。次年，清朝自盛京迁都北京，十月初一，福临祭告天地，成为君临全国的皇帝。多尔衮被封为叔父摄政王，济尔哈朗被封信义辅政叔王。

这场皇权之争最终得以和平结局，爱新觉罗·福临也由此成为清朝入主中原后的第一代皇帝。但直到多尔衮去世，他才夺回亲政大权，成为名副其实的大清皇帝。

清朝的12位铁帽子王（世袭罔替的王爵）

爵位	人物
和硕礼亲王	代善，努尔哈赤次子（后一度改为和硕巽亲王、和硕康亲王）
和硕睿亲王	多尔衮，努尔哈赤十四子（后一度剥夺封号）
和硕豫亲王	多铎，努尔哈赤十五子（后一度改为和硕信亲王、多罗信郡王）
和硕肃亲王	豪格，皇太极长子（后一度改为和硕显亲王）
和硕承泽亲王	硕塞，皇太极五子（后改为和硕庄亲王）
和硕郑亲王	济尔哈朗，努尔哈赤弟舒尔哈齐六子（后一度改为和硕简亲王）
多罗克勤郡王	岳托，努尔哈赤次子代善长子（后一度改为多罗衍僖郡王、多罗平郡王）
多罗顺承郡王	勒克德浑，努尔哈赤次子代善三子萨哈璘次子
和硕怡亲王	胤祥，康熙帝十三子
和硕恭亲王	奕䜣，道光帝六子
和硕醇亲王	奕譞，道光帝七子
和硕庆亲王	奕劻，乾隆帝十七子永璘六子绵性长子

▶ 1644年

乃以今年十月乙卯朔，祇告天地宗庙社稷，定鼎燕京，仍建有天下之号曰大清，纪元顺治。

——《清史稿·卷四·世祖本纪一》

定鼎北京

进则，可图取中原；退则，可出关自保，在以多尔衮为首的清廷眼里，北京就是大清继续进取路上的再合适不过的战略之都了。当顺治帝的护卫队整齐有序地进入正阳门时，历史已经悄然翻开了一个新的篇章。

时间
1644年

提议方
多尔衮

接受方
顺治帝

意义
标志着清朝正式成为统治全国的中央政权

崇祯十七年（1644年）五月二日，北京少有的一场大雨浇灭了李自成撤军西行前的那把火，一片狼藉处，明朝的旧臣们正站在冒着白烟的残垣断壁外，满心欢喜地等候迎接吴三桂奉太子回归的车队，却不料用帝王之礼迎回的是清军的统帅多尔衮。

当多尔衮乘辇入城后，他同母的兄长、武英郡王阿济格提出："我军在辽东时就因为顾及民心，许多士兵反而被百姓杀死了，所以我们现在就应当趁乱大肆掠夺一番。"深知人心利害的多尔衮严厉地斥责了他，采纳汉官范文程、洪承畴等人的建议，采取了一系列安抚百姓、笼络朝臣的措施。

首先，他令军队驻扎在城外，一方面严令禁止士兵进入百姓家，违令者斩首示众；另一方面为了缓解粮食紧张的问题，他暂时调离了随同清军一起入关的蒙古军队。接着，他下令为崇祯帝发丧三日，以皇帝礼仪安葬，并保护明朝皇陵。随后，他接受了明皇朝的现成制度，仍以六部为最重要的国家权力机关，并且任用所有明朝的叛将降臣。

清世祖顺治像

自清军入关以来，满洲贵族内部争论得最激烈的当属"清朝要不要建都北京、统一中国"这个问题。以阿济格为首的人强烈反对，认为北京因为战火蔓延而漕运不通，粮食短缺，比不上丰收富饶的关外，而且八旗士兵也无法适应关内的气候，内心有抵触情绪。对此，一些清朝将领建议让大军驻守盛京或山海关，诸王则留下来镇守北京。多尔衮则认为北京进可图取中原，退可出关自保，从战略要地上来讲，大清要进取就必迁都北京。

顺治元年（1644年）六月，多尔衮终于统一了诸王、贝勒、大臣的意见，宣布建都北京。同年九月，福临进入山海关，以多尔衮为首的诸王、大臣纷纷接迎圣驾。十月一日，福临在北京定鼎登基、表正万邦，并对有功之臣进行了册封：封多尔衮为"叔父摄政王"，封济尔哈朗为"信义辅政叔王"，其他大臣也都一一论功受封。

至此，清朝的统治中心从关外转移到了关内，离实现统一全国的目标又近了一步。

北京太庙

太庙是明清两代皇帝祭奠祖先的家庙，始建于明永乐十八年（1420年），主体建筑为三大殿：前殿是皇帝举行大祀之处，中殿供奉祖先牌位，后殿是存放祭祀用品的地方。顺治帝入京后，就把努尔哈赤和皇太极的神主灵位奉安在了北京太庙。

特色鲜明的满族服饰

满族服饰充满着浓郁的民族风情和鲜明的历史底蕴。满族男子喜欢穿戴马蹄袖的袍褂，腰束衣带，或穿长袍外罩对襟马褂，裤腿绑着青色腿带，脚底则穿棉布靴或皮靴，到了冬天再换上皮制乌拉。他们头顶上留辫子，季节不同，头上所戴的帽子也不同：冬天戴皮帽，夏天戴凉帽，春、秋戴暖帽，帽子上还会点缀红缨，看上去既醒目又艳丽。

满族女子服饰则分袍、褂、氅、衬，基本都是大圆领，两边开衩，腰身宽大，袖口平直，她们多穿长及脚面的旗袍，有时外罩坎肩，裤腿扎上腿带，脚着白袜，穿花盆底绣花鞋，梳两把头或旗髻。

满族无论男女都喜爱在腰间或衣服的大襟上挂佩饰，女子多为用绸缎缝制的香囊、荷包，男子多为火镰、扇带。从中国服饰的发展史来看，满族服饰不仅条文规章较多，其形制无疑也是十分庞杂、繁缛的，但与此同时，在中国服饰发展的历史长河里，它也是最具有民族特点和民族色彩的。

◀ 马褂

马褂是满族人骑马时常在长袍外面套的一种褂子，主要有大襟、对襟、琵琶襟等多种形式。马褂四面开衩，长至腰际，袖子到肘部，可露出袍袖三四寸，将袍袖卷于褂袖上面，也就是大、小袖。

满族的女式旗鞋 ▼

满族女子皆为"天足"，所以喜欢穿木制高底鞋。鞋底中间嵌着用细白布包裹的3寸多厚的木头，周边用刺绣或串珠加以装饰，所以被称作"寸子鞋"，又因鞋底平面呈马蹄形，所以又叫"马蹄底鞋"。通常，富贵人家的鞋面多以缎为质，贫穷人家的则以布为质，上面都会绣上花卉图案，贵族妇女还会在鞋面上装饰珠宝翠玉。

清

▶ 扇袋

扇袋是古时用来装扇子的袋子，也是清时男子出门身上的重要配饰，一则保护折扇，二则方便携带，三则用来炫耀身份。此扇袋用缂丝织成，上绣墨龙图案，是清宫廷内的精美之物。

▶ 长褂

长褂又称衫，为满族人的常服。此长褂为对襟、立领、宽袖。两侧开裾，镶黑地纳纱花边，腰际处有两条系带。这款式为清代晚期女式外衣的典型。

◀ 夹袍

夹袍为双层无絮的长袍。此袍小圆领，马蹄袖，大襟右衽，左右开裾。枣红色漳缎面织"卍"字曲水菊花纹，月白色暗织缠枝花纹绫里。此为清宫后妃的常服袍，现藏北京故宫博物院。

▶ 坎肩

清朝时兴穿坎肩，它由汉族的"半臂"演变来的。坎肩无袖，主要分为对襟、琵琶襟、大襟、一字襟和人字襟等样式，其长度多及腰际，缀有各式花边、彩绣，也有点缀盘口或丝带的，又叫"马甲""背心"。最初满族女子将一字襟坎肩穿在袍子的里面，到了清代中晚期，满族妇女尤其喜爱把它穿在袍子的外面。

1644年

崇祯十七年七月三十日，清军至沙镇，见者即逼索金银，索金讫，即挥刀下斩，女人或拥之行淫，讫，即掳之入舟。

——《研堂见闻杂录》

甲申国难

农民领袖攻城破，一朝帝王身殉国。然而连绵的战火还未止歇，新的帝国又在汉家天下掀起了一场水火刀兵的浩劫。哀殍遍野，白骨如山，在这天崩地坼、天子下席的地狱之中，百姓当何去何从？

时间
1644年

相关人物
李自成、张献忠、多尔衮

标志事件
李自成攻入北京，大明覆灭，崇祯皇帝殉国；
吴三桂引清军入关，清兵屠杀汉民

清军暴行
辽东之屠、扬州十日、嘉定三屠、昆山之屠、江阴惨杀；常熟之屠、湘潭之屠、南昌之屠、潮州之屠、同安之屠；广州之屠、南雄之屠、大同之屠等

影响
明朝专制王权统治崩溃；清军入关，屠戮汉人，搜刮钱财，致使中国人口锐减

后世纪念
郭沫若《甲申三百年祭》

国难开端

崇祯甲申年（1644年），这一年对于当时的民众来说是苦难深重。在这一年之中，先有李自成农民起义军破京占城，后有崇祯皇帝上吊自缢。并随着吴三桂引清入关，清军在镇压关内人民反抗的过程中实行了令人发指的暴虐行为，以及如"剃发易服"等一系列倒行逆施的举措，激起了全国各地人民激烈的武装抵抗，却没想到竟会引起报复。清军开始从北向南在各地实行惨绝人寰的大屠杀，所到之处生灵涂炭，民不聊生，致使全国人口在这一年中锐减

多铎像

多铎，爱新觉罗氏，正蓝旗满洲人，努尔哈赤第十五子，生母为努尔哈赤大妃乌喇那拉氏，与阿济格、多尔衮为同母兄弟。一生战功赫赫，乾隆帝称其为"开国诸王战功之最"，36岁死于天花。1645年，带清兵攻破扬州，制造了"扬州十日"惨案。

千万。而其中，最为惨绝人寰的屠杀事件有"扬州十日"和"嘉定三屠"。

扬州十日

顺治二年（1645年），多尔衮下令再次颁发"剃发令"，以"留头不留发，留发不留头；官民既已剃发，衣冠皆宜遵本朝之制"等口号强硬要求异族人剃发易服。与此同时，清军正兵临扬州。

扬州地处南北交通枢纽位置，漕运盐运兴旺，因而当地商贸繁荣，百姓安居。此次清兵入侵，扬州百姓在明末抗清名将史可法的领导下奋起抵抗，力保扬州，但终究抵不过清军以红衣大炮发起的攻城之势。入夜，扬州被清军攻克，史可法自刎未遂，随后被擒，因拒绝投降而被杀。史可法与扬州百姓的激烈抵抗惹恼了统帅多铎，因此当清军占领扬州以后，他也顾不上所谓的"勿杀无辜，勿掠财富，勿焚庐舍"的誓约，当即以史可法等扬州人不听招降为由，下令屠杀扬州百姓。

屠杀令一下，在这接下来的十天屠杀中，整个扬州沦为人间地狱。清军手提武器，大肆残杀百姓，践踏妇女。城中弥漫着血腥恶臭，池塘里、坑洼边，到处都是肢体残缺、堆积如山的尸骨。十天时间里，扬州死逾80万人，几世繁华的江南名镇在惨绝人寰的屠宰下荡然无存，几代流传的烟花古巷血流成河。

永历帝嫡母王太后致罗马教宗信件，由传教士卜弥格翻译成拉丁语

在南明的最后几十年中，南明政权曾希望借助于天主教的力量。1646年，澳葡政府发兵300人、携大炮数门前来助战，一时使南明收复了不少失地。为了感谢传教士，1648年永历帝家族皆入教，同时宫中受洗的还有嫔妃50人，大员40人，太监无数。其嫡母王太后、妻子王皇后、太子朱慈炫都接受洗礼，但永历帝本人并未受洗。1648年10月再陷危机，永历帝再次派人赴澳门求援，澳葡当局仅以火枪百支相助，显得微不足道。于是王太后又决定派使臣陈安德与传教士卜弥格直接赴罗马向教皇求援。她在致罗马教皇的书信中诚恳地祈求"天主保佑我国中兴太平"，希望教廷"多送耶稣会士来""广传圣教"。此书信历时两年之久方才抵达。而当卜弥格携教皇复书返回抵交趾（安南）时已是1658年8月，南明政权已濒于瓦解，教皇的回信最终亦未能送到永历帝之手。

民国《扬州十日记》书影

《扬州十日记》是明末王秀楚所写关于清兵在扬州屠城的一本八千字左右的小书。

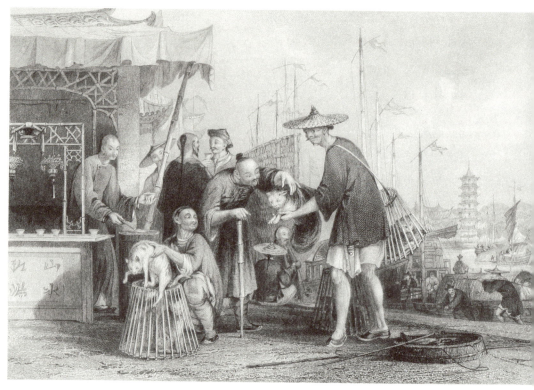

清朝风俗画

出自英国建筑师、插画设计家托马斯·阿罗姆（1804年—1872年）的画册《中国：那个古代帝国的风景、建筑和社会风俗》。在入关之前，满族统治者多尔衮下剃发令在关外已然推行"剃发"政策。对被征服的汉人一律强令改变发式，投降的明朝将士也必须剃发，作为臣服的标志。清初时推行剃发令要求男子将四周头发全部剃去，仅留头顶中心的头发，其形状一如金钱，而中心部分的头发，则被结辫下垂，形如鼠尾，俗称"金钱鼠尾"。从此图中可以看到这种发式。

嘉定三屠

　　清朝剃发令一下，那些深受孔孟儒家思想濡染，奉行"身体发肤，受之父母，不敢毁伤，孝之始也"的汉族人民自然是拒不从命。于是，嘉定城著名乡绅侯峒曾（前明左通政使）便联合黄淳耀（前明都察院观政）等人奋起反抗，发动抗清起义。随后，清吴淞总兵李成栋率领5000名清军来攻。

　　战事紧急，黄淳耀立即带领嘉定百姓重新用土石加固城墙，并四处求援。8日后，蔡乔率领不足400人的援军赶来，但由于装备极差，转眼间就被装备精良的清军击溃。而侯峒曾、黄淳耀等人组织的乡兵虽然大部分没有实战经验，但却在一次伏击中杀死了李成栋的弟弟。恼羞成怒的李成栋当即亲率全部人马攻城，三日后，嘉定城破，侯峒曾、黄淳耀先后牺牲。

　　李成栋为了报复，随即下令屠城，纵兵奸淫妇女。清军挨家挨户地大肆搜查,即便是乱草丛棘,也要用长枪乱搅,势必要杀个鸡犬不留。一时间,城中"悬梁者,投井者,投河者,血面者,断肢者,被砍未死手足犹动者,骨肉狼藉",简直就是人间地狱。

然而嘉定城的劫难却还未结束。大屠杀过后,起先侥幸逃脱的嘉定百姓回到城中因亲人惨遭屠戮,便纷纷投入义士朱瑛旗下,重新集结抗清,并处死了那些归降清军的汉奸与清军委派的官吏。同时,嘉定城外的一支乡兵队伍因在葛隆和外冈歼灭了李成栋的一支小分队,而招致李成栋的再次疯狂屠杀,葛隆、外冈两镇被肆行屠杀,流血满地,瞬间夷为平地。

半个月后,南明的一个名叫吴之番的将军率领部众进攻嘉定,周边百姓呼应,一致抗敌,将城中清军击溃。随后,李成栋带兵展开反攻,吴之番所率的兵民又怎么敌得过精良的清兵?于是,起义军很快就被砍杀殆尽,吴之番壮烈牺牲。李成栋在攻破嘉定后再度下令展开屠杀,此前惨遭"二屠"的嘉定再次承受第三次屠戮,两万民众顷刻间化为森然尸骨,血流成渠。

一个剃发令,一座老城却招致三场大屠杀。昔日的繁荣城池,终究沦为了人间地狱。

景山的崇祯帝自缢处

崇祯甲申年(1644年)三月,李自成大顺军攻入燕京,三月十九日中午,李自成由太监王德化引导,从德胜门入,经承天门步入内殿。此时崇祯带着太监王承恩上煤山瞭望,又返回乾清宫,大臣皆已逃散,最后崇祯前往煤山自缢,史称"甲申之变"。李自成下令将崇祯皇帝"礼葬",在东华门外设厂公祭,后移入佛寺。二十七日,葬于田贵妃墓中。

1645年

闰六月甲申，阿济格败李自成于邓州，穷追至九江，凡十三战，皆大败之。自成窜九宫山，自缢死，贼党悉平。

——《清史稿·卷四·世祖本纪一》

李自成遇难九宫山

他进京推翻了明朝277年的统治，离京开启了清朝268年的国运。因为政治视野的限制，一代英杰仅成了皇城禁宫里一个匆匆过客，最终遗恨九宫山下。

时间
1645年

地点
九宫山

死亡原因
遇袭

后世争议
夹山寺出家为僧说；
青城归隐说

永昌通宝折五铜钱
为明末李自成所建大顺政权的货币，意为永代昌盛。面文楷书直读，光背无文。其中"永"字书写为二字和水字以上下结构排列，因为李自成认为朱明王朝属火，大顺朝就应以水灭火。

山海关一战，清吴两军联手，李自成的大顺军被打了个措手不及，精锐部队折损殆尽，不得已退回北京。匆匆称帝后次日，为了躲避联军追击，进京才四十余天的李自成率领剩余兵力仓促撤出北京，由山西、河南两路向西安方向撤退。

在撤退途中，大顺将领李岩主动请缨，要去河南为军队筹集粮草。这时，一向与李岩不和的谋士牛金星便趁机向李自成进言，构陷李岩心怀不轨，借口筹集粮草，实际上是为了去河南叛变投敌。李自成一向信任牛金星，便在宴中将李岩与其弟李襄一同杀害。李岩一死，军师宋献策与大将刘宗敏当即表示不满，与牛金星对立起来，大顺军开始军心离散。

顺治元年（1644年）十月，清军攻克太原，接着分兵南下晋东南，大顺军长治守将刘忠不敌，兵败退往河南，山西防线崩溃。十月下旬，英亲王阿济格与豫亲王多铎兵分两路攻打陕西：另一路由阿济格带领，从大同向榆林进攻，再从陕北转攻西安；一路由多铎带领，从怀庆进攻潼关。顺治二年（1645年）正月，清军将红衣大炮运到潼关关口,清军先以大炮轰炸,再大举进攻。即使大顺军凿重壕、立坚壁,分兵迂回,奋勇顽抗,但均以失败告终。适时,阿济格所率领的清军已经进入陕北,对榆林发起围攻。经过十三天的激战,最终潼关失守,陕西陷落,李自成只好被迫退出西安。

三月,李自成南下占领武昌,打算乘舟东下,夺取东南地区作为基地,却没想到还没来得及准备,就被水陆两路突然来袭的清军打了个措手不及。李自成带着部众仓皇突围,放弃武昌转而向东南进发,却又因在湖北阳新、江西九江等地接连战败,被清军切断了东下的去路。无奈之下李自成只好掉头转向西南,由江西转至湖南,并于四月抵达湖北通城九宫山麓。

四月,当李自成率领28名骑兵进入九宫山躲避清军追击时,却遭到了乡绅程九伯等人组织的地方乡军突袭。最终,这位驰骋沙场几十年,一路披荆斩棘、冲锋陷阵的猛将就这样意外丧命在小小地方武装兵之手,结束了他气吞万里、揭竿起兵的传奇。

李自成之墓

位于湖北通县(今咸宁市)九宫山下的李自成墓碑,郭沫若所题。

大顺政权兴亡表

时间	事件
1636年	农民军领袖闯王高迎祥被明将孙传庭围杀,其外甥李自成便继位为闯王,俗称李闯
1641年	李自成攻陷洛邑,杀死洛阳福王朱常洵,抄没福王府邸后,农民军得到了大批粮饷
1643年	十月,李自成破潼关,十一月占西安
1044年	正月,李自成在西安称帝,国号大顺,年号永昌
	三月,李自成攻陷大同、宣府、居庸关,十七日逼近北京城,十八日克北京外城,十九日入紫禁城,崇祯帝自缢于北京煤山,明朝灭亡
	四月二十一日,李自成亲征吴三桂,大败
	四月二十九日,李自成在紫禁城武英殿匆匆称帝,深夜焚烧官殿与九门城楼,西撤
	五月,清兵克燕,李自成逃往西安
1645年	正月,潼关失守,李自成经邓州、襄阳入湖北
	四月,在武昌与清军一战,败
	五月,江西再败,后在湖北通山县南九宫山,李自成被忠于明朝的地方武力杀死(亦有说李自成自杀、下落不明或出家为僧等);李自成死后,其三弟李自敬继位,继续抗清,后不知所终

> ▶ 清初

王夫之，字而农，衡阳人……夫之论学，以汉儒为门户，以宋五子为堂奥。其所作大学衍、中庸衍，皆力辟致良知之说，以羽翼朱子。

顾炎武，字宁人，原名绛，昆山人……清初称学有根柢者，以炎武为最，学者称为亭林先生。

黄宗羲，字太冲，余姚人……宗羲之学，出于蕺山，闻诚意慎独之说，缜密平实。

——《清史稿》

清初三大儒

正值明清鼎革之际，社会形势"天崩地解"，乱世之中，三位学界大儒放弃了成为政府新贵的机会，用潜心研究回应了信仰缺失和道德人心危机，引领着清初思想学术界，照亮了中国传统哲学的道路。

人物

王夫之（1619年—1692年）
顾炎武（1613年—1682年）
黄宗羲（1610年—1695年）

研究方向

儒学

学术思想

反对宋明理学，提倡唯物主义思想；
反对封建专制主义；
反对明末浮夸空谈的风气，讲求经世致用；
倡导重民、保民、敬民

黄宗羲像

黄宗羲（1610年—1695年），明末清初经学家、史学家、思想家、地理学家、天文历算学家、教育家，有"中国思想启蒙之父"之誉。与顾炎武、王夫之并称明末清初三大思想家；与弟黄宗炎、黄宗会并称"浙东三黄"；与顾炎武、方以智、王夫之、朱舜水并称明末清初五大师。

梨洲先生黄宗羲

黄宗羲（1610年—1695年），字太冲，号南雷，别号梨洲老人，浙江绍兴府余姚县人。其父亲黄尊素为万历进士，官任天启中官御史，是明代思想家、军事家王阳明一派的硕儒。黄宗羲自小便随父亲读书求学，14岁中秀才。然而不幸的是，天启六年（1626年）六月，其父因弹劾明朝末期权宦魏忠贤而被阉党杀害。黄宗羲悲愤之下，在崇祯帝登基后赶到北京为父申冤，适时魏忠贤已经被正法，其父冤情得以平反。但阉党余孽还未拔除干净，黄宗羲便上书请求诛杀魏忠贤余党许显纯、崔应元等人。崇祯元年（1628年）五月，在刑部会审时，黄宗羲取出藏在袖中的锥刺，当众刺向许显纯,并当众痛击崔应元,拔其胡须归祭父灵,黄宗羲也因此被人们称为"姚江黄孝子"。

崇祯三年(1630年),20岁的黄宗羲遵从父亲的遗命正式拜明朝儒学大师蕺山先生刘宗周为师。到了顺治二年(1645年),黄宗羲在家乡组织义军,参与抗清武装斗争,前后共历时8年,最终以失败告终。之后,他便回到余姚老家开始著书、讲学,在他的著作中,以《明夷待访录》《明儒学案》这两部影响最大。在《明夷待访录》中,他提出了"天下为主,君为客"的重要论述,指出"为天下之大害者,君而已矣"。而《明儒学案》则用62卷内容对明朝270多年的儒学的发展演变进行了阐

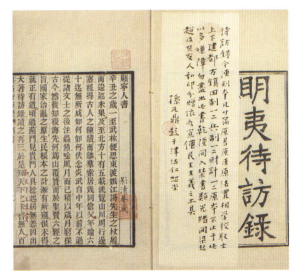

《明夷待访录》书影

《明夷待访录》著于清顺治十八年(1661年),成书于康熙元年(1662年),共21篇,是体现明末清初黄宗羲民主、民本思想的重要著作。所谓"明夷"指在黎明前的昏暗,"待访"指等待明君来访,书名的意思是黎明前等待明君来访的备忘录。此书提倡民权,反对君主专政专权,一直影响了清朝末年的维新变法。

17世纪—18世纪中西方科技与思想对比

中方		西方
《天工开物》,宋应星(1587年—1661年)著,被誉为中国17世纪的工艺百科全书		《自然哲学的教学原理》,牛顿(1643年—1727年)著,提出了物体运动的三大定律和万有引力定律
黄宗羲(1610年—1695年)批判君主专制,提出"君臣平等""工商皆本"的思想		伏尔泰(1694年—1778年)反对君主专制和封建神权,认为自然赋予人类信仰和思想自由,提倡法律面前人人平等
顾炎武(1613年—1682年)提出"以天下之权寄天下之人"的"众治"主张		孟德斯鸠(1689年—1755年)反对君主专制,倡导天赋人权,提出三权分立的原则
王夫之(1619年—1692年)主张"循天下之公,天下非一姓之私",批判历代帝王把天下当作自己私产的做法是错误的		卢梭(1712年—1778年)反对封建王权,倡导"社会契约论"和"人民主权"说,论述了私有制是人类不平等的起源

述，堪称中国第一部学术思想专著。黄宗羲和他的学生在中国历史学界中渐渐形成了一个新的学派，名为浙东学派，而黄宗羲正是这一派的开山鼻祖。

亭林先生顾炎武

顾炎武（1613年—1682年），字宁人，原名绛，江苏昆山人，是明朝的一位秀才，因故居旁有亭林湖，学者尊其为亭林先生。当清军入关后，他同许多南方的文人志士一样加入了抗清组织，抗清失败后便到各地游历，联络各地的反清势力参与复明斗争，但最终壮志未酬。随后，顾炎武便定居在陕西华阴县，开始著书立说。在他的所有著作中，以考据著作《日知录》、音韵著作《音学五书》、人文地理著作《天下郡国利病书》最负盛名，由此也可以看出顾炎武对这些领域的研究。

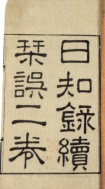

《日知录》书影
黄汝成集释本，竹纸，线装。《日知录》是17世纪中叶中国知识界一部足以反映时代风貌的学术巨著，此书以明道、救世为宗旨，囊括了顾炎武全部学术、政治思想，遍布经世、警世内涵。

顾炎武像
顾炎武（1613年—1682年），明末清初杰出的思想家、经学家、史地学家和音韵学家。他一生辗转，行万里路，读万卷书，创立了一种新的治学方法，成为清初继往开来的一代宗师，被誉为清学"开山始祖"。顾炎武学问渊博，于国家典制、郡邑掌故、天文仪象、河漕、兵农及经史百家、音韵训诂之学，都有研究。晚年治经重证，开清代朴学风气。

顾炎武是一位具有民主思想的学家，他主张让更多的知识分子参与政治，由此实行"众治"。在他看来，明朝之所以走向覆灭，其最大的原因在于士大夫中了倾向于空谈的心学的毒，尤其是王阳明学派"置四海之穷困不言，而终讲危微精一之说"。因此，顾炎武提倡将学以致用作为新的学风，他强调"多学而识，行必有果"，治学就是求治道，要注重实地地调查、独创，不要盲从和剽窃，他的这一观点正好开创了清代治学方法和学术门类新途径。

此外，顾炎武还认为"亡国"不过是改朝换代，"亡天下"才是关系到整个民族命运的民族、文化的灭亡，要保卫民族以及民族文化才能"保天下"，这正是每个人都应当承担的责任。而顾炎武的这一思想，正是后世所说的"天下兴亡，匹夫有责"。

船山先生王夫之

王夫之（1619年—1692年），字而农，湖南衡阳人，因其晚年居住在湘西石船山，故被人们尊称为船山先生。王夫之自幼跟随自己的父兄读书，他学识渊博，对天文、历法、数学、地理等学术领域都颇有研究，尤其精于哲学、经学、史学和文学。对此，清代学者刘献廷曾评价他说："王夫之学无所不窥，于《六经》皆有说明。洞庭之南，天地元气，圣贤学脉，仅此一线。"

当明朝覆灭时，他同许多文人志士一样，也曾举兵抗清，参与复明斗争，但最终以失败告终，辗转流亡，直到顺治十四年（1657年）才回到故乡隐居，开始刻苦钻研，勤于著述，以《宋论》《读通鉴论》《张子正蒙注》最为著名。

在王夫之的著作中，曾痛斥宋明理学的哲学思想——唯心主义是误国之学、亡国之学，反对理学家坐而论道，空谈心性的恶劣风气，也对王阳明和朱熹这两大学派持不赞同态度。王夫之认为："天理即在人欲之中，无欲则天理亦无从发现。"因此他提倡唯物主义思想，提出了"形、神、物三相遇而知觉乃发"的唯物主义观点，在日后对中国传统哲学起到了重大的影响。

王夫之像

王夫之（1619年—1692年），中国朴素唯物主义思想家，与顾炎武、黄宗羲并称明清之际三大思想家。自幼跟随自己的父兄读书，青年时期积极参加反清起义，晚年隐居于石船山，著书立传，自署船山病叟、南岳遗民，学者遂称之为船山先生。他主张经世致用，反对程朱理学，为湖湘文化集大成者。

杂诗

悲风动中夜，
边马嘶且惊。
壮士匣中刀，
犹作风雨鸣。
飞将不见期，
萧条阴北征。
关河空杳霭，
烟草转纵横。
披衣视良夜，
河汉已西倾。
国忧今未释，
何用慰平生。

——清·王夫之

> **清康熙年间**
>
> 蜀自汉唐以来,生齿颇繁,烟火相望。及明末兵燹之后,丁口稀若晨星。
>
> ——《四川通志》

湖广填四川

一片丰肥富饶的土地,始于百姓的耕种劳作,发于百姓的修缮维护,忠于城镇的和平安宁。战事一起,它将很快毁于百姓的流离失所中。

施行时间
清康熙年间

主要内容
将人口大规模迁徙至四川

迁徙原因
元末明初与明末清初,四川因久经战乱而变得荒凉残破,人口急剧减少
要重振四川天府,只有招徕移民开垦土地,重建家园

移民来源
湖南、湖北、广东等地

移民人口
约100万人

历时
数十年

移民政策
凡入川者,将地亩给为永业;
安排上户籍、编入保甲;
贫民携带妻子入蜀者,准其入籍;
垦荒地亩者,可五年后缴税,且滋生人口永不加赋

明末清初,天下大乱,张献忠率领农民起义军进入四川,并于顺治元年(1644年)称帝建立政权,定成都为"西京",国号"大西",清军便立即紧急调派精锐部队和临时招募的地方武装赶赴四川围剿农民军。于是,素有天府之美名的四川在铁蹄的践踏和战火的摧残下顷刻间就变成了人间地狱。前有明、清两军、地方豪强、乡村无赖滥杀无辜,烧杀掠夺,后有南明与清军之战,吴三桂反清后与清军的战争。一场又一场的战争,一次又一次的屠戮,令这片昔日的乐土疮痍满目。

是以,当康熙年间经历过兵荒马乱、刀光剑影的四川盆地终于平息下来时,四川省已是"丁口稀若晨星"了。那些对四川怀揣着"丰肥沃土、歌舞升平"的美梦的官员刚刚赶到四川的新府邸,心头便凉了个彻底。他们纷纷上奏,将当地"荒凉残破、千疮百孔"的情形报告给康熙帝。

移民图

反映移民被强迫离乡的浮雕

于是，当四川巡抚张德提出"招徕移民开垦土地，重建家园"的移民政策，并给出了相关的移民办法时，康熙帝便召集相关部门听取有关汇报，随后正式颁布了康熙三十三年（1694年）《招民填川诏》，下令从湖南、湖北、广东等地大举向四川移民。

为了鼓励外省百姓移民到四川垦荒，调动他们的积极性，清政府特地制定了一系列移民政策："凡入川者，将地亩给为永业；安排上户籍、编入保甲；贫民携带妻子入蜀者，准其入籍；垦荒地亩者，可五年后缴税，且滋生人口永不加赋。"此外，清政府还将移民的成绩与地方官员的政绩、升迁联系在一起，由此切中重振四川经济的要害。

对于移民一事，有的人因路途遥远或其他担心的因素而不愿背井离乡，但也有许多人因故乡贫瘠、生存境况不好而积极响应。因此，在清朝初年广阔的南方，大量迁徙的居民自湖南、湖北、广东、云南、江西、贵州等地出发，纷纷涌向四川。

先一批移民陆续入川，他们受益最大，可以采取自由圈占的手段获得大量土地资源，那些贫苦农民或退役的士兵甚至还能"伐树白之为界"。四川在先一批入川移民的开垦下渐渐地恢复了生气，远在外省的其他百姓得知后也纷纷收拾包袱向四川赶去。但他们入川较晚，只能依靠地方政府为他们"安插"或自己"租佃"的方式站稳脚跟，往后再逐渐积累家产与土地。

这场大规模的移民持续了数十年，移民不但给当时的四川带去了新的农作物和种植技术，还促进了当地的商业发展及文化传播。

少年中国史

中国历史上的大规模移民

中国的主体民族——汉族，最早起源于黄河中上游。一千年前，由于北方游牧民族的不断侵扰，原居住在中原地区的汉人不得不开始东移南迁。元朝以后，移民主要是东西向的迁徙，以明初时期的洪洞大槐树移民和清朝时期的湖广填四川移民规模最大。到了清朝中后期和民国时期，移民的主要方向为"下南洋""闯关东"和"走西口"，也就是东南沿海的福建、广东、浙江的人们下南洋，而中国三个人口大省——河南、山东和四川的人们，分别向西北、东北和西南迁移。新中国成立后，先是组建兵团，然后是知青支边，接着三线建设，直到改革开放后掀起了出国移民潮，有的前往东南沿海，有的甚至走向了世界五大洲。

● 永嘉南渡

西晋末年的永嘉年间（307年—312年），晋朝因皇族为争夺中央政权引发的"八王之乱"而实力大减，给了北方少数民族南下的机会，北方士族豪门纷纷南迁，移民迁入地分为东西两部分：东部分包括长江下游及淮河流域，以黄河流域下游及今山东、河北、河南东部的移民为主；西部分包括长江流域上游及汉水流域，以今甘肃、陕西、山西、河南西部移民为主。

● "安史之乱"后中原汉族的南迁

因"安史之乱"，唐王朝的社会经济损失惨重，整个中原陷入了长达百年的藩镇割据的混乱状态，致使生灵涂炭、民不聊生，因此，为了躲避战火的中原居民再次将目光放在了相对和平的南方地区，选择向南迁移。南迁路线主要有东、中、西三路：东路自华北平原进入淮南、江南，再经皖南、浙西金衢盆地进入江西，至此一分为二，一部分继续南下前往岭南，另一部分则翻过武夷山进入福建；中路自关中和华北平原西部进入今南阳、襄阳地区，然后穿过湖南、湖北进入岭南；西路自关中越秦岭，经过崎岖蜿蜒的栈道进入汉中地区和四川盆地。这一次的南迁一直持续到北宋初年，完成了中国经济文化中心的南移。

镇江西津渡古街

西津渡古街全长约1000米，始创于六朝时期。古时候，这里东面有象山为屏障，挡住汹涌的海潮，北面与古邗沟相对应，临江断矶绝壁，是岸线稳定的天然港湾。规模空前的永嘉南渡时期，北方流民有一半以上是从这里登岸的。

靖康之乱后的南迁

靖康之耻，天子蒙尘，金入中原，高宗南渡。此次的南下移民人数共计500万，是中原汉民族最大的一次南迁，迁徙之地以江浙为主，比唐"安史之乱"后更加深入南方南部地区。南宋名臣诸将也多来自山西、陕西、河南等地。

明初移民

明初移民以山西洪洞大槐树移民最为著名，它是中国历史上规模最大、历时最长、范围最广的官方强制移民。从洪武三年（1371年）到永乐十五年（1417年），这约50年的时间里，明朝政府在洪洞大槐树下设局驻员，迫使百姓大规模向京、冀、豫、鲁、苏、鄂等18个省市迁移。"洪洞大槐树"成为很多北方人寻根问祖之地。

另一个移民的大集散地是江西瓦屑坝。当时饶州府（今江西鄱阳）各县移民沿乐安河、饶河到达鄱阳瓦屑坝集中，乘船驶出鄱阳湖到达湖口。然后溯长江而上，迁入湖广（今湖北、湖南两省），或顺长江而下，迁往安徽及其他省份。这就是湖南、湖北两省民间的流行说法"江西填湖广"。

闯关东场景

清朝及民国移民

明末清初，又发生了一次大规模的移民事件，这就是"湖广填四川"，四川因为战争人烟稀少，湖北、湖南、福建、广东等省的移民蜂拥而至，形成了由东向西的移民大潮。与明初的官方移民不同，清朝移民大多是人民主动迁往他乡：一是向海外移民，大多是从广东福建迁往台湾地区和东南亚各岛；二是向山区进发，如迁入荆襄山区、秦岭、大巴山等地；三是向边区迁徙，如迁入辽东半岛以及松花江流域。

进入清末后，社会动荡加剧，大量的内地贫民迫于压力，走西口（陕西、山西、河北人去内蒙古）、闯关东（山东、河北、河南人去东北）、下南洋（粤、闽等沿海居民去东南亚）、赴金山（华人去美国旧金山挖金矿），都是以谋生为特点的非官方行为。

山西省洪洞县大槐树寻根祭祖园移民雕塑

清

1644年

方今天下一家，满汉官民，皆朕臣子，欲其各相亲睦，莫若使之缔结婚姻，自后满汉官民，有欲联姻好者听之。

——《清世祖实录·卷四十》

满汉一家

一方是昔日盘踞中原的泱泱汉民，坐拥浩瀚之邦，占地之广；一方是始于建州女真的满洲贵族，其国力强盛，先灭明，后入关。当两者在"一家亲"的契机下相融于一体时，通力合作创造了一个新的王朝与传奇。

提出时间
顺治元年（1644年）

原因
清朝刚定鼎京城，局势动荡，须对汉民实行怀柔政策；
笼络汉人，择其优者入仕，为己所用；
满洲男丁较少，抗清者人数众多，须借助汉将汉兵之力方能平乱

"满汉"由来
由范文程提出的夺天下安江山之计："官仍其职，民复其业，录其贤能，恤其无告。"

主要倡导人
多尔衮、顺治帝

主要体现
争取并笼络汉人官员绅衿为清政府效力；
设立绿营兵，以汉治汉

其他政策
允许满汉官员互通婚姻

正红旗满洲五甲喇六佐领图记（满汉文）

笼络汉臣

自清政府入关定鼎北京后，顺治帝与摄政王多尔衮虽想尽力维护满洲贵族特权，"首推满洲"，但要想统治上亿的汉民、平定数百万的反清将士，仅凭清朝加起来一共才五六万的满洲男丁与八旗王公大臣是决然不够的。因此，为了在"夺天下"之后"安江山"，多尔衮在入关后便采纳了此前内秘书院大学士范文程上奏提出的根本性建议，即"官仍其职，民复其业，录其贤能，恤其无告"，并开始施行"满汉一家"。

"满汉一家"首先体现在争取并笼络汉人官员绅衿（地方上有权势的人或在学的生员）为清政府效力。早在关外时期，清政府就已经有了令当地军民人等剃发，以示归顺的政策。因而顺治元年（1644年）五月初三，多尔衮先后颁布两道谕旨，其一就包

北京的科举号房
清朝为了提高其在汉人精英心中的正统性,在顺治元年(1644年)刚攻占北京之时,便重建了科举考试。

含了剃发之令:"各处城堡着遣人持檄招抚,檄文到日,剃发归顺者地方官各升一级,军民免其迁徙……各衙门官员,俱照旧录用……隐居山林者,亦具以闻,仍以原官录用。"其二则是令"在京内阁六部都察院等衙门官员,俱以原官,同满官一体办事。"前明朝大学士冯铨被授予大学士原衔,入内院佐理机务;前明朝顺天巡抚宋权、兵部侍郎金之俊,降后初任原职,其后分别被擢升为国史院大学士、工部尚书;前明朝总督王永吉、侍郎胡世安、少詹事党崇雅被擢授尚书、大学士。

此外还有一些前明朝旧臣、文人,如原户部郎中卫周祚、编修高尔俨、庶吉士成克巩、事中陈名夏、进士杜立德等人,以及自入清以来得中进士的汉族士子,均被破格提升,授予要职。多尔衮还规定,无论是内阁六部还是地方总督、巡抚及其以下官员,都要设立满缺汉缺,做到满汉兼用。

其后,清政府宣布继续实行科举制,选录汉人人才。顺治三年(1646年)与康熙四年(1647年)的两位状元傅以渐、吕宫,以及进士冯溥、王熙都得以入仕,官至大学士,其中,王熙甚至还曾奉命撰写过遗诏。

设立绿营兵

除了笼络汉臣,为己所用,"满汉一家"还体现在设立绿营兵。满洲男丁仅有数万人,若想担起"拱卫宸极,绥靖疆域"的重任,就需要人数庞大的

清初农民绘画

清初强令官民剃发的举措引起汉人的普遍不满，激起了汉人各阶层人士的反对，导致了长期的政局不稳以致生灵涂炭。后来清政府不得不做出妥协和让步，并从最初以暴力对付反剃发的抗争，转为逐渐采取顺其自然和潜移默化的手段，以及主张比较开明的"移风易俗"政策。在清焦秉贞绘的《康熙耕织图》中，可以看出当时的农民虽然也剃了头露顶，但并未蓄辫而是椎髻，并且依然穿着明代流行的衣着。

汉兵汉将从中协助。尤其是平日里辖治地方，更需要达到"以汉治汉"的效果。因此，自顺治元年（1644年）起，清政府便开始陆陆续续在各省设立绿营官兵，其统帅属文官编制，由该省或一个到三个省合在一起的总督及无总督之省的巡抚担任，将士则多由汉人担任，而武职官员主要负责士兵的日常操练、管辖和防戍。

在各行省绿营中，提督为武官中官阶最高的将领，共有14名，官从一品，有时候会由巡抚兼任。提督之下设总兵官（一镇之主），共66名，官从正二品。其下再设副将、参将、游击、都司、守备、千总、把总等官，共约6000名。最初各省绿营兵达六七十万之多，后来逐渐减少到五六十万。

同享升平

多尔衮多次宣谕、倡议"满汉一家，同享升平"。为了能使满人与汉人之间能达到官民和睦、友善相处，他还谕令准许满汉官员互通婚姻："今天下一家，满汉官民，皆朕臣子，欲其各相亲睦，莫若使之缔结婚姻，自后满汉官民，有欲联姻好者听之。"

通过"满汉一家"的政策，久而久之，越来越多的汉官、汉士、汉将、汉兵纷纷效力于清政府。他们恪尽职守，于内负责治理京内外各级衙门事务，为清政府辖束人民、征赋金役，于外则为实现全国统一而从征厮杀，安定九州。因此，可以说在清政府平定天下、巩固统治的路途上，"满汉一家"的政策起到了很大的作用。

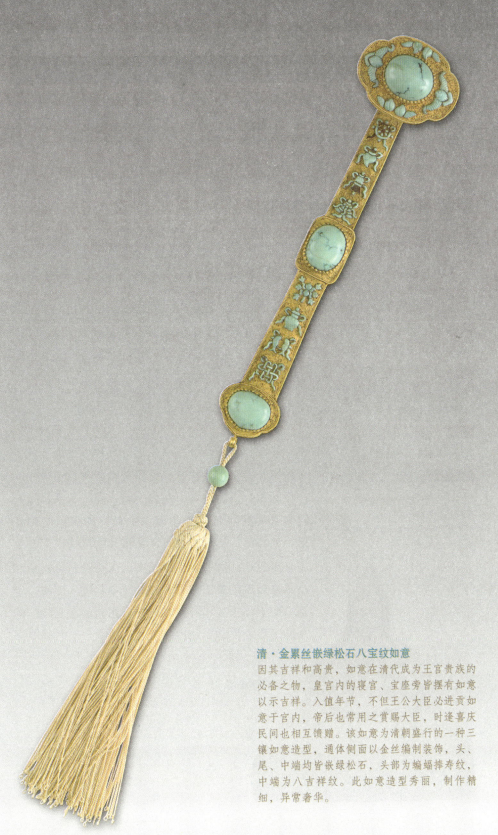

清·金累丝嵌绿松石八宝纹如意

因其吉祥和高贵,如意在清代成为王官贵族的必备之物,皇宫内的寝宫、宝座旁皆摆有如意以示吉祥。入值年节,不但王公大臣必进贡如意于宫内,帝后也常用之赏赐大臣,时逢喜庆民间也相互馈赠。该如意为清朝盛行的一种三镶如意造型,通体侧面以金丝编制装饰,头、尾、中端均皆嵌绿松石,头部为蝙蝠捧寿纹,中端为八吉祥纹。此如意造型秀丽,制作精细,异常奢华。

▶ 1652年

九年十月，达赖抵代噶，命和硕承泽亲王硕塞等往迎。十二月，达赖至，谒於南苑，宾之于太和殿，建西黄寺居之。

——《清史稿·藩部八》

五世达赖进京觐见

一次精心安排的觐见，变成了中国历史上影响深远的事件：西藏地方与中央关系的确定、西藏地方政治和宗教关系、西藏与蒙古各部之间的关系都烙上了无法磨灭的印记。

时间
1652年

主角
五世达赖喇嘛·阿旺罗桑嘉措（1617年—1682年）

信仰
藏传佛教（俗称喇嘛教）

历史意义
确立了达赖喇嘛在西藏各教派中的领袖地位；
确定了"达赖喇嘛"名号正式由中央政权册封

藏传佛教（俗称喇嘛教）格鲁派（因该派僧人戴黄色僧帽，故又称黄教）有两大领袖，分别是达赖与班禅。达赖出自蒙古语，意指"海"。班禅二字则分别出自梵文、藏语，意指"大学者"。

公元7世纪，佛教传入西藏，为历代吐蕃藏王信奉，不仅广泛流传，还在发展的过程中逐渐形成多个派别，宗喀巴创立的格鲁派是藏传佛教中最大的一个教派。五世达赖（达赖喇嘛·阿旺罗桑嘉措）时，西藏正被信奉噶举派（白教）的噶玛王朝统治，格鲁派一直处于被打压和排斥的境地。无奈之下，五世达赖和四世班禅秘密遣人赶赴新疆，请求信奉格鲁派的蒙古族首领固始汗率兵进入西藏。于是，明崇祯十五年（1642年），格鲁派在固始汗的帮助下成功推翻了藏巴汗政权，建立"甘丹颇章"

五世达赖像
五世达赖结束了西藏四分五裂的局面，建立了格鲁派地方政权，巩固了封建农奴制度，建立蒙藏联合政治统治格局，发展了与中央王朝的关系。不仅如此，藏药的制造、藏族文化史、宗教史、建筑史、医学史、艺术史等方面，五世达赖也有着高深的造诣，成为西藏历史上唯一在政治、宗教、学术等领域都取得非凡成就的一代宗师。

政权。自此以后，五世达赖和四世班禅一举成为西藏政权最高首领，格鲁派正式统治西藏。

但"甘丹颇章"政权建立之时，正值明末社会动荡时期，五世达赖和四世班禅为了巩固教派的统治地位，权衡之后派人与清朝政府建立了联系。崇德四年（1639年）皇太极也派人致书，提出延请高僧到满洲地区传播佛教的要求。

顺治元年（1644年），顺治帝定鼎北京后，当即派人前往西藏邀请五世达赖进京。顺治二年（1645年）五世达赖得知顺治入主中原后，即派出使者敬献贺信与方物。顺治五年（1648年）清政府又派人前去西藏，但当时中原局势尚未明朗，五世达赖便对清朝官员说："我今不往，然我必欲往，当于卯年送马匹，辰年前来。"于是，顺治七年（1650年）和顺治八年（1651年），清朝又接连两次派人前去西藏，敦促五世达赖前往内地。直到顺治九年（1652年），五世达赖才终于在清朝官员的陪同下自西藏起程，动身进京，随行有3000人。一直到当年十二月，一行人才抵达北京。顺治帝在南郊南苑猎场迎接他，并赐座、赐茶、赐宴，待以殊礼。

五世达赖在北京一共停留了两个月，其间一直居住在清政府特地为他所建的驻锡之所——安定门外的西黄寺中。随后，五世达赖以"此地水土

五世达赖见蒙古王唐卡
此唐卡中，蒙古族和硕特部的固始汗站立达赖喇嘛座前，低首向前，双手合十礼拜；而达赖喇嘛左手指尖轻触其头顶，做加持状。此唐卡绘于18世纪中期的拉萨地区，画师可能来自藏东或安多。

不宜，多病，而从人亦病"为由向顺治帝提出了返回西藏的请求。经顺治帝同意后，五世达赖离开北京抵达蒙古地区的代噶（今内蒙古凉城），顺治帝派遣礼部尚书觉罗郎丘、理藩院侍郎席达礼等众官员赶到代噶，赐予五世达赖满、藏、蒙、汉体文字的金册、金印，并正式册封他为"西天大善自在佛所领天下释教普通瓦赤喇怛喇达赖喇嘛"。

自此，"达赖喇嘛"这个封号为全国所公认，五世达赖声望日隆。

1661年—1662年

成功使谓之曰："土地我故有，当还我；珍宝恣尔载归。"围七阅月，红毛存者仅百数十，城下，皆遣归国。成功乃号台湾为东都，示将迎桂王狩焉。

——《清史稿·卷二百二十四·列传十一》

郑成功收复台湾

心雄万夫，孤胆震俗，听闻台湾百姓身陷殖民水火之中，便举义旗于东南，号舰船袭台南。驱走强盗，收复故园，千古英雄郑成功，万古流芳。

时间
1661年—1662年

事件
郑成功击退荷兰侵略者，收复沦陷38年的中国领土台湾

地点
大员、赤嵌（今台南市安平、中西两区）

双方指挥官
明郑军：郑成功
荷兰东印度公司：揆一

结果
荷兰殖民者撤离，台湾回归中国

国姓成功

郑成功（1624年—1662年），原名郑森，字明俨，号大木，福建南安石井乡人。他自幼聪敏灵慧，英勇有为，其父郑芝龙是明末清初东南沿海第一大海盗，发迹于日本平户，最盛时郑家旗下船舰几乎遍布东南亚。

清军入关后在南京消灭了明朝旧臣拥立的福王朱由崧所建立的弘光政权。随后有着明朝皇室血统的明唐王朱聿键在福州称帝，号"隆武帝"，并封

17世纪往来台湾地区的帆船

郑芝龙为建安伯，加封平国公。时年郑森21岁，郑芝龙带着他进宫面圣谢恩。当皇帝问他该怎样救国时，郑森引用南宋岳飞的话回答说："文臣不爱钱，武臣不惜死，天下太平矣。"皇帝听了对他赞赏有加，便封他为禁军统帅，不仅赐他朱姓，还让他改名为"成功"，于是老百姓都叫他"国姓爷"。

然而不到一年的时间，福建便被清军攻陷，隆武帝丧命，郑芝龙只好归降清廷。当时郑成功正在沿海带兵，突然接到父亲降清的消息，不禁悲愤万分，为安定军心，郑成功便让人做了一面大旗，写上"杀父报国"四个大字，挂在自己的帐外。与此同时，在广西巡抚瞿式耜等人的拥立下，另一位有着明朝皇室血脉的桂王朱由榔即位称帝，号"永历帝"。他一边逃避清军追捕，一边建立政权，适时郑成功已经攻陷厦门、漳州一带，永历帝便封郑成功为延平郡王。

发兵前因

郑成功想将永历帝接到自己身边来，但中间隔着清军。在清军的继续追击下，他接连失利，严峻的情势下，郑成功不得不日夜谋划，寻找一个安全稳妥的新据点。

而就在这时，一个从台湾远道而来的名叫何斌的人求见郑成功。早在明朝天启四年（1624年），有一群荷兰殖民主义者占领了台湾，并逼迫当地百姓

郑成功画像
完成于17世纪中叶的《郑成功画像》，据传是郑成功生前在台南命人所绘，是现存最早、也最接近真人的郑成功肖像。现藏于中国台北"故宫博物院"。

用糖和糯米调灰垒砖，给他们建了一座十分坚固的名叫热兰遮城（台湾城）的城堡。后来那些殖民者又在城堡对面盖了另一座名叫堡普罗凡舍堡（赤嵌城，位于今台南市），封锁了通往台湾的海面。不仅如此，那些殖民者还奴役岛上的中国百姓，逼迫他们缴纳苛捐杂税。

郑成功的父亲郑芝龙自年轻时期就经常派遣商船到台湾，或是经过台湾到南洋、日本做贸易。荷兰人占领台湾后，就经常阻挠中国的海外贸易，与郑家也多有冲突。郑成功组建义军队伍后

台湾安平古堡图
安平古堡，古称奥伦治堡、热兰遮城、安平城、台湾城，最早建于1624年，是台湾地区最古老的城堡。自建城以来，曾经是荷兰人统治台湾的中枢，也曾经是郑氏王朝三代的宅第。此图现藏于荷兰档案馆内。

就下令严禁大陆与荷兰人做买卖，台湾岛上物资匮乏的荷兰人焦急万分，只好派遣通事（翻译官）何斌赶往厦门去找郑成功，要求开放与大陆通商。然而，何斌虽然是荷兰人的通事，却是台湾汉族人的首领，一心想赶走这些可恶的荷兰强盗。因此，他利用荷兰人的信任，摸清了荷兰军队的部署。当见到郑成功后，他便立即下拜，双手奉上自己绘制的台湾地图，详细说明了台湾的水路变化以及荷兰军队的部署情况，请求郑成功发兵台湾，赶走那些强盗，拯救台湾百姓。

郑成功闻言大喜，这正合他寻求一个稳固新据点的心意，便答应了出兵的请求。

户、布满暗礁的天险鹿耳门。在熟悉地形的何斌的带领下，船队小心翼翼地避开了暗礁，在禾寮港上安全登陆。天亮时，荷兰守军发现了这突然冒出来的船队，不禁大惊失色。

荷兰殖民者封的"台湾总督"揆一听闻消息后，急忙调遣军队从海上、陆上兵分两路迎敌。郑成功一方面将4000名登陆的士兵分为两路，一路正面

郑成功弈棋图
清画家黄梓所绘。画中的郑成功儒生打扮，手捻棋子，嘴角含笑，淡然自若。此图现藏于中国国家博物馆。

兵临台湾

顺治十八年（1661年）二月初三，郑成功亲自率领2.5万大军、300多艘战船，自金门出发，直指台湾。然而当战船刚抵达澎湖时就遇上了暴风雨天气，停留好几天都没有好转的迹象。再这样下去不仅会影响士气，还有可能走漏风声。郑成功只好下令趁夜开船，战船冒着巨大的危险，历尽惊涛骇浪，才离开澎湖，于四月一日抵达台湾的门

抗敌，一路侧面包抄，打得荷兰士兵溃不成军，丢下军械抱头乱窜。另一方面则在海上充分利用郑家船舰灵活敏捷的优势，将荷兰人仅有的三艘大船团团包围。荷兰人的船虽然高大坚固，但在浅水中被围行动笨拙。因此，开战不久，荷兰人的战船便被炸沉了一艘，而另外两艘则纷纷掉头，一艘向着荷兰人在南洋的据点巴达维亚（今印度尼西亚雅加达）去求援，另一艘往热兰遮城逃走了。

郑成功包围堡普罗凡舍堡（赤嵌城）后，致信给揆一，明确表示："台湾是我中国的领土，你们侵占了那么久，现在我来索回，你们最好识相地还回来！"然而盼着后援来的揆一拒绝了郑成功无条件投降的要求。

收复台湾

郑成功迫降赤嵌城后，就为进攻台湾城做积极的准备。四月初开始，双方一直进行着零星的战斗。鉴于台湾城城池坚固，强攻损失太大，郑成功调整了政策，决定采取围城打援等其自降的政策。七月十八日，荷兰殖民当局从巴达维亚派来的援军抵达台湾海面，还没等行动就遇到了强大的海上风浪，一个月后才与郑军交战，但屡战屡败，损失惨重。十月，揆一为了改变自己的命运，企图与清军联合夹击郑军，可是清军却要求荷兰人先派战舰帮助他们攻打厦门，再解其围，最终此事以派去的考乌逃回巴达维亚而告终。

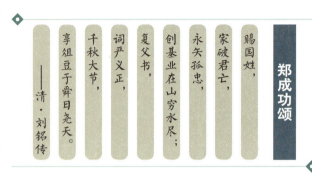

郑成功颂

赐国姓，家破君亡，
永矢孤忠，
创基业在山穷水尽；
复父书，
词严义正，
千秋大节，
享俎豆于舜日尧天。
——清·刘铭传

位于安平古堡内的揆一像

揆一1615年生于瑞典斯德哥尔摩，进入荷兰东印度公司后，经历各种职阶。1656年6月升为台湾长官，与郑成功缔和后带着一千多名荷兰人与其眷属离开台湾，陆续回到巴达维亚。回国后的揆一立即受到军事审判，以失去公司重要财产之罪，被判终身流放，12年后才被赎出回到荷兰，老死在阿姆斯特丹。1675年出版《被贻误的台湾》一书为自己辩护，谴责正是东印度公司高层怠忽职守、拒派援军、贻误时机，才使他失去台湾。

十二月，在从俘虏口中得知城内士气低落、解围无果后，郑成功决定由封锁转为进攻。他先以猛烈的炮轰攻下堡普罗凡舍堡外的一个碉堡，并将其改建为炮台，随后对城里发动猛轰。此时的荷兰守军已经被困在城内近9个月了，死伤多达1600人，能参战的仅剩下500多人，不仅粮草、弹药告罄，城里还疟疾横行。生死关头，揆一只好被迫投降，并于十二月十三日在投降书上签字。郑成功缴获了荷兰军队所有的武器和物资，令残存的900多名荷兰军民乘船离开台湾岛。

至此，荷兰殖民者在台湾长达38年的殖民统治宣告结束，宝岛台湾回归中国。

台江内海海战插图

出自揆一1675年出版的《被贻误的台湾》书中。顺治十八年（1661年）四月二日，郑军经由鹿耳门水道进入台江内海并于禾寮港（今台南市北区开元寺附近）登陆，意图先求取防御薄弱的堡普罗凡舍堡。随后郑军在台江海域与荷兰军舰展开海战，击沉荷军舰赫克特号，取得台江内海控制权，并同时在北线尾地区击败荷兰陆军，以优势兵力包围堡普罗凡舍堡。

赤嵌楼内荷兰人向郑成功投降的塑像

> **清顺治年**
>
> 世祖定鼎京师，十一月，以汤若望掌钦天监事。
>
> ——《清史稿·列传五十九》

"玛法"汤若望

鞠躬尽瘁，恤死报勤，是中国一代明君对他的高度评价；修历译著，传教授义，是历史对他种种高洁作为的认可赞同。"抱救主而牺牲救世之怀，籍历以达其传教风志"，他虽在历法之争中跌倒，但其高风亮节的美德却在未来的东方冉冉升起。

别名
约翰·亚当·沙尔·冯·白尔

出生地
德国科隆

宗教信仰
天主教

担任官职
光禄大夫、传教士

主要成就
译著伽利略的《远镜说》；
建立南堂

学术贡献
完成《崇祯历书》，培养人才，教授历法知识；
钻研火炮，铸造20尊大炮，编撰《火攻挈要》一书；
译著《坤舆格致》

传教士基歇尔《中国图像》的卷首插画
在耶稣会圣人依纳爵·罗耀拉和圣方济的庇护下，汤若望与利玛窦这两位身负传教使命的传教士拉开中国地图，向西方介绍东方古国广阔的地域与繁荣的文明。

启程东渡

汤若望（1592年—1666年），原名约翰·亚当·沙尔·冯·白尔，德国科隆人。他自幼聪慧好学，曾就读于由耶稣会所创办的著名的三王冕中学，直到明万历三十五年（1607年）学校因城中瘟疫横行被迫停办，时年16岁的汤若望在当地耶稣会教区的推荐下进入罗马德意志学院。在接下来的三年时间里，他先后完成了哲学、古典文学、数理、天文学等全部课业，并对伽利略的望远镜产生了极大的兴趣。

次年，汤若望加入耶稣会，随后进入罗马

圣·安德烈奥修道院接受修士训练。在训练期间，他依然勤学好读，继续研究天文学和数学等新科学，并常常到图书馆中翻阅那些海外耶稣会士写给总会的年报、报告以及信函等材料，从中了解那些早期传教士在东方中国创下的丰功伟绩。他十分钦佩利玛窦神父将天主教义与中国的儒家文化相结合的"合儒"传教策略，在得知利玛窦神父凭借其惊人的数学和天文学智慧得到中国皇帝的优礼与敬重，并为上帝的教会开创了新的信仰领域时，他不禁为之欣喜若狂。

明万历四十一年（1613年）十月，汤若望进入罗马学院，开始了为期四年的神学和数学研究，并最终以最优秀的成绩完成学业，晋升神父。次年四月，汤若望等22名传教士在金尼阁（第一位来华的法籍耶稣会士）的带领下，以葡萄牙政府的名义派遣，开启了东渡之行。

耶稣会传教士汤若望

耶稣会传教士汤若望被福临亲切地称为"玛法"（满语意为尊敬的爷爷），绘于1904年以前。汤若望（1591年—1666年），名约翰·亚当·沙尔·冯·白尔，1592年出生在德国科隆。明末清初德国耶稣会传教士，字道未。曾协助徐光启编修《崇祯历书》，制造天文仪器。精于天文、机械学，著有《浑天仪说》《西洋测日历》等著作。

效命明朝

明万历四十七年（1619年）七月十五日，汤若望等一行人抵达澳门，暂时落脚于圣·保禄学院。他们刚踏上这片东方领域便入乡随俗，开始认真研习中国语言文化、经史和伦理，以寻找东西方文化的融合点。适时正逢明朝内忧外患之际，朝廷为抵御满洲努尔哈赤的勇兵悍将而遣人到澳门向葡萄牙人购买大炮，于是汤若望一行人便以军事专家的身份进入北京，汤若望也换上了中国人的衣着，将原名改为汤若望。

明天启三年（1623年），汤若望抵达北京，将他整理好的数理天算书籍呈送朝廷，并在他的住所内向中国官员们展示他从欧洲带来的科学仪器。没过多久，汤若望就凭借其数理天文学知识，先后两次准确地预测出月食现象。此外，他还在钦天监官员李祖白的帮助下，用中文撰写了介绍伽利略望远镜的《远镜说》，这对中国日后的历法改革明崇祯三年（1630年），汤若望在礼部尚书徐光启的力荐下任钦天监一职。在任期间，他推步天文，传播天主教，译著历书，协助徐光启、李天经编成《崇祯历书》，并同中国学者共同翻译了德国矿冶学家阿格里科拉的冶金巨著《矿冶全书》，编成《坤舆格致》。此外，汤若望还受明廷之命以西法督造战炮，口述大炮的冶铸、制造、保管、运输、演放，以及配制火药、制造炮弹的原理和技术等知识，由明朝官员记撰成《火攻挈要》《火攻秘要》。又于崇祯九年（1636年）奉旨设厂铸炮，在两年时间内共铸造20尊大炮。

顺治的玛法

清顺治元年（1644年），明朝彻底覆灭，清政府定鼎北京。汤若望处变不惊，继续留在北京守护圣物以及天文仪器与历书刻板。清廷因汤若望在天文历法方面的过人学识与技艺，命他继续在北京修正历法。

同年七月，汤若望向清廷进献浑天星球、地平日晷、望远镜三台仪器和一本历书范本，以此指出旧历中存在的七处谬误，并准确地预测了八月一日的日食。于是，顺治二年（1645年），摄政王多尔衮将汤若望用西洋新法参与

汤若望与顺治帝
出自《清史图典》，现藏于德国慕尼黑博物馆。

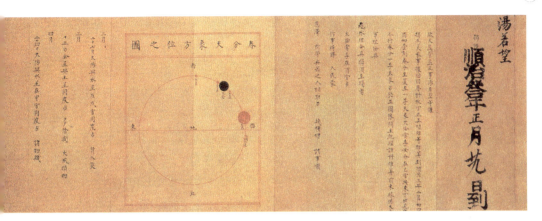

汤若望揭帖
顺治三年（1646），钦天监监正汤若望奏报有关天象的揭帖。

修订、编纂的新历《西洋新法历书》（《崇祯历书》的新版）颁行天下。汤若望也由此成为中国历史上第一个洋人钦天监监正，不仅深得摄政王多尔衮的信任，在朝中也颇受满族官员的尊敬。

顺治八年（1651年），多尔衮病逝，顺治帝亲政。他本就十分钦佩汤若望的德行与学问，加之汤若望此前又曾治愈了孝庄太后的侄女、顺治帝未婚皇后的病。因此，在皇太后出于感激认汤若望为"义父"后，顺治帝便尊称他为"玛法"，即满语"尊敬的老爷爷"的意思。

为了表示对汤若望的感谢与重用，顺治帝亲政后在一天之内加封汤若望为通议大夫、太仆寺卿、太常寺卿，并追加他的亲族，将诰命封书寄到他的家乡。其后数年，汤若望先后被加封为通玄教师、通政使司通政使、光禄大夫，位居正一品官员。此外，顺治帝还免除了汤若望觐见时的叩拜之礼，打破了尊卑上下的惯例，时常到汤若望的住所去探望他。就连顺治帝因得天花重病不起，在生命的最后一刻都让孝庄太后召见汤若望，征求议立嗣皇的意见，并接受汤若望的建议，因玄烨聪慧过人，才干出众，且出过天花而选其为继承人，由此足可见顺治帝对他的信任与看重。

康熙历狱

顺治十八年（1661年）正月初九，康熙帝玄烨于太和殿即位。康熙年间，汤若望等耶稣会士加紧对天主教的宣传，几乎是将天主教捧为唯一的正教。尤其是由汤若望与其他众教士共同研究所撰写的《天学传概》更是将中国社会、宗教思想以及人种变成欧洲的附庸和分支，充分体现了欧洲至上论的傲慢与偏见，由此引起了百姓的极大反感，以及学者杨光先的极力排斥。

康熙三年（1664年）三月二十五日，杨光先先是致信给作序者许之渐，痛斥《天学传概》是妖书，天主教是邪

西方人所绘的耶稣会天文学家与康熙帝

清兵入关后,汤若望引进改编的《西洋新法历书》,迎合了新朝的需要,得以颁行天下。但随之而来的中西历法之争,终于酿成康熙初年的"历狱"大案,导致钦天监内的耶稣会天文学家遭到驱逐,汤若望也因此下狱几死。

教,敦促许之渐揭露汤若望。其后又于七月写下《请诛邪教状》一文呈递礼部,控告汤若望预谋造反、妖言惑众、谬误历法,要求朝廷依法对其进行惩戒。

清廷受理此案后审理了近一年时间,最后下令禁止天主教在中国的传播,并拘捕汤若望等30名外省传教士,判处汤若望绞刑。然而这时却发生了天灾,由于北京接连五天发生地震,加上太皇太后力主开释,最终汤若望幸免于死。

其后清廷任杨光先为钦天监监正,废止汤若望的新法《时宪历》,复用大统旧术。结果才几年的时间,误差便越来越大。比利时传教士南怀仁与杨光先久争不下,清廷为此特派专人实际

利玛窦规矩

利玛窦规矩,指明朝时来华的天主教耶稣会传教士利玛窦的传教方式与策略。当时的中国人多半有祭天、祭祖、祭孔的习惯,利玛窦自认为西儒,秉持着儒家作风,对中国习俗保持宽容的态度。他容许中国教徒继续这些旧俗。这规则一直被遵行,直到罗马教皇克勉十一世发布禁令为止,教皇的禁令,也引爆了清康熙帝的反制,是为中国礼仪之争。

清康熙时,为了在中国排挤意大利人居多的耶稣会传教士,多为西班牙籍的道明会传教士向教皇申诉并取得教皇敕令,宣称利玛窦等人允许中国教徒崇拜祖先,违背了天主教教义。教皇克勉十一世派特使铎罗到中国觐见康熙帝,铎罗态度骄蛮,行止无礼,惹怒了康熙帝,敕将铎罗押往澳门交葡萄牙人禁锢,直至其病死狱中。此事使中国朝廷和罗马教廷关系急剧恶化,自此,清廷禁止了西班牙传教士在中国的活动,并进一步严格地控制了外国人来华的贸易及其他行为。

马尾沟教堂内西方传教士的墓碑
山字楼一角马尾沟教堂所在地在明朝中后期曾经是一位杨姓太监的别墅,民间俗称栅栏别墅。来自意大利的耶稣会传教士利玛窦在北京逝世,明神宗皇帝特别降旨将栅栏官地赐予利玛窦作为墓地,从此栅栏官地改名栅栏墓地。自利玛窦之后,汤若望、南怀仁、郎世宁等在华传教士均葬于栅栏墓地,前前后后共有数百位传教士安葬于此。

察勘观测,结果证明新法优于旧法。于是,杨光先被革职,南怀仁任钦天监监副。康熙九年(1670年),清政府复行《时宪历》。

康熙五年(1666年)七月十五日,汤若望于南堂寓所病逝,享年75岁。他的冤情直到康熙八年(1669年)才得以彻底昭雪,"通玄教师"之名也得以恢复。康熙帝将其厚葬于利玛窦墓旁,并亲赐祭文,镌刻在他墓碑的反面。

清康熙·欧洲夫妇瓷像
当来华的传教士们将当时的中国图景呈现在西方人面前时,立即引来整个欧洲对中国的强烈向往,造成了17世纪末至18世纪末100余年的欧洲"中国热",来华的欧洲人也逐渐多了起来。此瓷像有可能是当时外销瓷的一种。

1661年

朝廷有意与世家有力者为难，以威劫江南人也。

——《研堂见闻杂记》

江南三大案

三年清知府，十万雪花银。上位者若是只知贪贿欺民、升官晋爵，而不知清廉治世，勤政为民，终有一天，他们会发现跟着短暂的荣华富贵而来的，是孤立和败亡。

江南三大案
奏销案、哭庙案、通海案

发生时间
1661年

主要人物
奏销案：朱国治、江南四府并溧阳一县的官绅士子；
哭庙案：任维初、金圣叹；
通海案：任体坤、王重、袁大受

事件起因
奏销案：江南四府与溧阳一县的官绅士子上年奏销（每年将钱粮征收的实数报部奏闻）有未完的钱粮；
哭庙案：吴县诸生为声讨吴县县令任维初贪赃枉法的恶行，组织地方性请愿活动；
通海案：金坛县令任体坤谎称金坛士民造反纳降

事件结果
奏销案：凡钱粮未完的官绅士子，皆被革去功名；
哭庙案：金圣叹与诸生被捕，被"拟不分首从斩决"；
通海案：金坛县内被屠戮灭门、流徙遣戍的多达上千人

奏销案

顺治元年（1644年），自清军入关后便开始对江南地区实行比明代更为严厉的催科（催收租税），并规定经办征收赋税之事的官员以十分为考成，参罚缴纳不足的人。然而江南一带的缙绅豪强自由惯了，对朱明王朝的怀旧，再加上在当地权势便宜之利，贿赂书吏，拖欠钱粮，致使累欠的赋税达十万银之多。

清政府自然不会对此放任。为了裁抑（削弱）当地缙绅豪强的特权，使他们彻底归服，顺治十八年（1661年），清政府借口抗粮一事（抗拒交粮），根据江宁巡抚朱国治上报的造册，将江南四府（苏州、松江、常州、镇江）和溧阳一县在上年奏销有欠粮的绅衿士子，全部黜革（罢免），现任官员一律降两级调用，由此制造了历史上著名的"奏销案"。

此案一共黜降了1.3万余人，探花叶方霭仅仅欠了一钱就被罢黜了，是以民间便有了"探花不值一文钱"的说法。之后，以吴伟业、徐乾学、徐元文为首的不少江南缙绅、名人名士全部牵连其中，甚至还有不少人被押至刑部议处，江南的缙绅豪强也

因此受到了极大的重击。

直到"三藩之乱"爆发,清政府为了得到江南地主的支持,才放松了禁令,允许在"奏销案"中被罢黜的官绅士子重新填补银子,恢复原官(衔)。但在这以后清政府对此绝口不提,官书也不复记载。

哭庙案

金圣叹(1608年—1661年),本名姓张,明朝覆灭后他绝意仕进,曾喟叹道:"金人在上,圣人焉能不叹?"于是就改姓金,字圣叹。金圣叹是明末诸生出身,他为人狂放不羁,能文善诗,平日里以读书著述为乐,也时常评注古典文学,是一个真正的奇才,就连顺治帝对他的作品都赞赏有加:"此是古文高手,莫以时文眼看他。"

顺治十八年(1661年),苏州吴县(今苏州市)新任县令任维初贪赃枉法,以严刑鞭打百姓,逼迫他们缴

金圣叹手迹

此联"消磨傲骨惟长揖,洗落雄心在半酣"是金圣叹对人生的体悟及其超凡人格的反映。金圣叹是明末诸生出身,为人狂傲有奇气,是明清文艺评论集大成者。

文学点评大家金圣叹与王国维

金圣叹	王国维
明末清初人,主要成就为点评《水浒传》和《西厢记》	近现代学者,代表作有《人间词话》《曲录》《观堂集林》等
中国白话文学研究的开拓者,提高了小说与戏曲等通俗文学的价值,开创了细读文本的文学批评方法,与20世纪西方文学批评中的新批评流派有相通之处	中国近代最后一位重要的美学和文学思想家,把西方哲学、美学思想与中国古典哲学、美学相融合,构成新的美学和文学理论体系
评点很注重思想内容的阐发,往往借题发挥,议论政事,其社会观和人生观灼然可见	文学批评新旧交替,体现了由古典形态向现代形态的过渡性
把文章分为圣境(手法娴熟、无所不通)、神境(出其不意、变幻莫测)和化境(随物赋形、变化多端)三种境界	把戏曲析解出三个要素:歌、舞、事,且以事统驭歌舞,以故事为中心;在词论上创立"境界说",成为后来文艺批评家常用的典范
其哲学思想在易佛会通的基础上,体现了以儒学为主体的天道观和人道观	以西方哲学模式为依托,梳理了中国古代哲学传统,决定了20世纪中国哲学研究的雏形

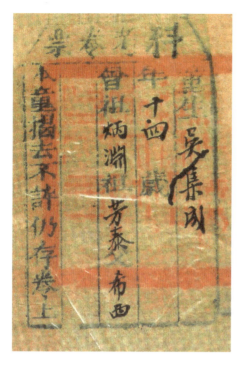

清代科举考试的准考证

清代学子考进士,要经乡试、会试、殿试三级考试,每级考试都有不同格式和内容的"准考证"。上写有考生的姓名、曾祖、祖父及父亲姓名、本人年龄,中间盖有满汉双文考点大印。对于考生的身世,自唐以来都有规定,而且必须回原籍报考,不能"冒籍"。

纳赋税,并大肆盗卖官米,亏空常平仓的漕粮,致使吴中民不聊生,百姓苦不堪言。金圣叹和其他几名秀才看在眼里,实在同情当地百姓的遭遇。适时顺治帝驾崩,吴县奉哀诏在府衙中设灵举哀,痛哭三日。于是以金圣叹为首的一百多名士人便带着"揭帖"(古时监察部门长官揭发不法官吏的一种文书)到孔庙聚集,借悼念顺治帝向江宁巡抚朱国治上呈状纸,控诉吴县县令任维初的恶性,并要求罢黜其职。

然而朱国治非但没有为百姓做主,反而当场逮捕其中的11名主犯(沈玥、顾伟业、朱时若、朱章培、徐介、叶琪、周江、倪用宾、丁观生、张韩、来献琪),并在上报时谎称是京城诸生倡乱抗税,惊扰了先帝之灵,以此包庇任维初。清政府有意震慑江南士族,便于四月二十七日再次逮捕金圣叹等7名士人。

金圣叹被捕后高呼先帝(顺治帝),却被掌嘴二十,押至江宁会审。经过一系列严刑拷打后,朱国治将《哭庙文》的起草人金圣叹作为首犯,治以"摇动人心倡乱,殊于国法"的罪名,财产充公,家属发配满洲,并与此前抓捕的人一同于七月十三日押至南京三山街处死。

通海案

顺治十六年(1659年),郑成功自崇明下江与南明兵部侍郎张煌言会师,随后转至丹徒,经焦山,直逼瓜州、镇江。当时明朝遗民暗中帮助郑成功,以期他能恢复明室,然而最终郑成功却兵败两地,乘船前去台湾。

金坛县令任体坤就谎称金坛士民造反纳降,溧阳(隶属于江苏常州市)抚臣信以为真,上奏朝廷。其后朝廷便以"通海"罪论处,下令追查此事。任体坤与王重、袁大受趁机以"通海罪"诬陷蔡默、于厚、周生等10多名儒生以及其他仇人,人数共计38人,随后又诬告富绅于元凯。当时江南按察使姚延著不愿无中生事，更不想靠陷害他人来加官晋爵，便只惩戒了任体坤一人。王重、袁大受得知后十分不甘心，便贿赂京城御史马腾蛟，进言"如果不处死这10名儒生，将来金坛一定会遭大祸"。然而马腾蛟却因贪污案发被处死刑。

周生的父亲周勉为了救周生，便带着重金去求袁大受高抬贵手，放他儿子一马。袁大受就提出让周勉写下揭状告发王明试，周勉无奈之下只好照办。拿到揭状后，袁大受就去找王明试，王明试当即惊出一身冷汗，表示愿意许给袁大受千金以求息事宁人。之后，袁大受让冯标送信给王明试，却不料途中冯标偷看了信件，并将此事告诉了都察院御史冯班和曹钟浩，二人再上报兵垣长科孙继昌，由他来告发王重、袁大受、王明试等人。

顺治帝闻讯后便特命户、刑两部侍郎与江宁巡抚朱国治审理此案。朱国治本着"欲行杀戮以示威"的目的提审王重、任体坤等人，随即将他们全部打入监狱，判处"通海"之罪，并释放了蔡默、于厚、周生等10名儒生。

清顺治十八年（1661年）七月，金坛县（今金坛区）判定的"通海"罪犯共计65人，将于江宁执行死刑。姚延著因"疏纵"之罪被判处绞刑，当地百姓为其申冤，江宁一带曾为此停止买卖以表示悼念。次年，清政府又以"通海"罪逮捕魏阱、钱缵曾、潘廷聪、祁班孙等人。据《明季南略》记载，金坛因海寇一案被屠灭门、流徙遣戍有千余人不止。

苏州文庙大成殿

始建于北宋的苏州文庙有江南学府之冠的赞誉，其中大成殿是文庙的主体建筑，为供奉和祭祀孔子的庙宇。"哭庙"是苏州一带流传已久的习俗。当官府有不法之事、不当之举，士子们每每聚集文庙，作《卷堂文》，向祖师爷孔圣人哭诉后，更召集民众向上级官府申告，明朝时官府多半会采纳，但入清后形势就发生了变化，顺治年间"哭庙案"发生后，遭到了残酷镇压。

1669年

康熙八年，上以鳌拜结党专擅，勿思悛改，下诏数其罪，命议政王等逮治。康亲王杰书等会谳，列上鳌拜大罪三十，论大辟，并籍其家，纳穆福亦论死，上亲鞫俱实，诏谓："效力年久，不忍加诛，但褫职籍没。"纳穆福亦免死，俱予禁锢。鳌拜死禁所，乃释纳穆福。

——《清史稿·卷二百四十九·列传三十六》

计擒鳌拜，康熙亲政

三代元勋，一朝权臣。皇权给予鳌拜的不仅仅是荣耀，还有日益膨胀的野心与终将失败的结局。少年天子利用其自大傲物，智定计谋，从容布局，最终扫清了皇权路上的最大障碍，拉开了盛世的帷幕。

发生时间
1669年

地点
武英殿

敌对人物
少年天子康熙
辅政大臣鳌拜

采取计策
通过索额图和明珠拉拢朝臣
以"布库之戏"让鳌拜疏于防备，出其不意一举擒下

结果
鳌拜被擒，死于禁所，其党羽纷纷束手就擒

诏书定性
妄称顾命大臣，窃弄威权

政治影响
康熙亲政，盛世开启

起因

鳌拜（？—1669年），姓瓜尔佳氏，满洲镶黄旗人。出生在战争年代的他，自皇太极时期起就凭借显赫军功一路攀升，最终跻身四大辅臣之列，受顺治帝福临的遗命，辅佐当时刚刚即位，但并无处理国家政事能力的幼帝康熙。

鳌拜为两朝重臣，恩宠极盛，虽位列四大辅臣的末位，但资格老，军功高，便日益骄横、擅权自重，只是最初碍于顺治帝的遗命而谨慎行事。但当位列辅臣之首的索尼因为年事已高，对政事渐渐疏于管理后，他便不

鳌拜朝服像
鳌拜（？—1669年），满洲镶黄旗人，清朝三代元勋，康熙帝早年辅政大臣之一。以战功封公爵。鳌拜前半生军功赫赫，号称"满洲第一勇士"，后半生则操握权柄、结党营私。康熙在黄锡衮、王弘祚等大臣的支持下，主政于朝，后定下计策，在武英殿擒拿鳌拜。鳌拜被生擒之后，老死于囚牢中。鳌拜是一位影响清初政局的重要人物。

甘人后，越位抓权，开始走上了专权的道路。甚至为报私怨，假借皇帝的名义罗织罪名，残害朝中无辜忠良。

康熙三年（1664年）四月，他因为抚远大将军费扬古之子倭赫对他的态度不恭敬而怀恨在心，构陷倭赫擅自骑御马、用御用弓箭射鹿之罪将其处死。随后，他又以"怨望"的罪名先后迫害费扬古之子尼侃、萨哈，致使费扬古一门家破人亡。

随后，鳌拜因为户部尚书苏纳海、直隶总督朱昌祚、巡抚王登联违拗自己提出的镶黄旗与正白旗圈换土地一事而心怀怨怼。甚至不顾康熙的旨意，以苏纳海"藐视上命"，朱昌祚、王登联"纷更妄奏"的罪名，一意孤行将三人处死，然后强行换地。

康熙六年（1667年）六月，索尼因病去世。索尼生前虽没能遏制鳌拜的势力，但他上书请求小皇帝亲政却为解决这个问题提供了一个良好的转机。七月，时年已经14岁的康熙帝举行了亲政大典，辅臣应当将朝政归还于皇帝。四大辅臣之一的苏克萨哈便上奏自请去为先帝守陵，并请求解除辅臣之任。这就等同于让鳌拜就此退出政治舞台，鳌拜因此被激怒，构陷苏克萨哈久蓄异志、欺藐幼主等24条罪名，要求康熙将其凌迟处死，株连九族，甚至对康熙气势汹汹地"攘臂上前，强奏累日"。面对强势的鳌拜，康熙被迫将苏克萨哈处以绞刑，并诛其族。

索尼与苏克萨哈一死，再无顾忌

少年康熙便装写字图
练习汉字书法是清朝皇家教育中必不可少的一项。康熙帝自幼怡情翰墨，喜好书法，常在退朝之后与精于书法的文臣观摩古人墨迹，切磋书艺。他临写书帖并不拘于一家，最终形成了博采众长、清劲刚健的书风。

可言的鳌拜更加肆无忌惮，他时常以首辅大臣自居，"班行章奏，鳌拜皆列首"，接连陷害妨碍他专权的朝廷命臣，其专权跋扈已经到了为所欲为的地步。

他不仅自行其是、擅权跋扈，在独掌朝政时还推行了一些过时的政策，既阻碍了清朝的发展，又威胁了清政权的巩固。他甚至在康熙面前都敢施威震众，高声喝问，完全不把小皇帝放在眼里。

亲政后的康熙意识到鳌拜根本无意把权力回归自己，他如果想要维护皇权的集中统一，实行开明政治，施展自己的政治抱负，就必须铲除鳌拜以及其

党羽，夺回属于自己的权力。

设伏

康熙虽然年少，却是一位明君。他关注朝政，处事认真，每日与辅政大臣一起听政，并提出自己的见解，对鳌拜的错误也会尽力反驳、抵抗。康熙亲政之后，摆脱鳌拜的控制便是他首要的任务。他先是每日亲临乾清门听政理事，但凡有事都直接召见众大臣商议。当鳌拜的权势渐渐有所下落后，他便开始思考如何一举铲除鳌拜及其整个利益集团。

康熙知道，鳌拜势大难制，其党羽遍布朝廷内外，如果贸然行事必将打草惊蛇，酿成大祸。他思虑再三，决定以下棋为名，将他的亲信侍卫索额图（赫舍里氏，满洲正黄旗人，大学士索尼第三子）召进宫中密谋策划。商议后，康熙不露声色地挑选了一批身强力壮的亲贵子弟进宫，在宫内整日练习布库之戏（摔跤、扑击）。鳌拜知道后不以为意，以为皇帝只是年少贪玩，沉迷嬉乐，心里还暗暗高兴。

青年康熙出狩图
清圣祖爱新觉罗·玄烨（1654年—1722年），年号康熙，顺治皇帝第三子，清朝入关后第二位皇帝。顺治十一年（1654年）生于北京景仁宫，八岁即位，智擒鳌拜、剿撤三藩、南收台湾、北拒沙俄、西征蒙古、治理黄河，开启康乾盛世，康熙六十一年（1722年）病逝于畅春园清溪书屋。在位61年，终年69岁，谥号为合天弘运文武睿哲恭俭宽裕孝敬诚信中和功德大成仁皇帝，葬河北遵化清东陵之景陵。

康熙八年（1669年）五月，康熙先将鳌拜的亲信调离京城，让自己的亲信掌握京师的卫戍权。

待外围都部署好后，一天他召集身边练习布库的少年，问道："你们都是朕的股肱之臣，你们怕朕还是怕鳌拜？"少年们异口同声地回答说："怕皇帝。"于是康熙便开始进行周密的布置，准备擒拿鳌拜。他召鳌拜入宫觐见，此前鳌拜常常出入宫廷，因此他并没有提防，却没想到当他刚踏入宫

南书房

南书房为清康熙十六年（1677年）设立的官署名，是清代皇帝文学侍从值班的地方，以便随时应召侍读、侍讲。原本为康熙帝读书处，俗称南斋，位置在北京故宫乾清宫西南，清代士人视之为清要之地，能入则以为荣。康熙帝时常与翰林院词臣们在这里研讨学问，吟诗作画，每次外出巡幸他们也伴在左右。有时还秉承皇帝的意旨起草诏令，"撰述谕旨"。由于出入南书房的人都是康熙帝的亲信之人，它遂变成一个由皇帝严密控制的核心机要机构，随时承旨出诏行令的功能使其权势日重。南书房地位的提高，削弱了议政王大臣会议的权力，同时也将外朝内阁的某些职能移归内廷，实现了皇帝高度集权的目的。

满族摔跤手演练布库图
画面上，两对着白布窄袖短衫的布库正在比赛，旁边下跪的两对布库正在领取奖赏。布库，满语本义为"摔跤手""大力士"，是满族最重视的一门格斗技。后金建立时就大力提倡演练布库，起初目的并非娱乐，而是军事训练。清朝宫廷曾设立"善扑营"选拔优秀力士二百名，按等级分为头等、二等、三等。因此当康熙帝用布库兵擒鳌拜时，才有了出其不意的效果。布库虽为徒手相搏，但技法的关键在于脚力，因此脚力的大小对于比赛的胜负起着决定性的作用。在比赛中，一方倒地即判为负。清朝时期布库的跤衣是白布短衫，窄袖，衣领及前襟都用七八层布严密缝制而成，非常结实。

殿时，康熙一声令下，少年们一拥而上，将猝不及防的鳌拜摔倒在地，迅速逮捕。

清剿

康熙采取"擒贼先擒王"的计谋，先使鳌拜疏于防范，当部署好一切后再攻其不备，迅速制服鳌拜，一朝瓦解以鳌拜为首的政治集团与骨干分子。

等鳌拜被擒后，康熙令硕康亲王杰书等人审查鳌拜及其党羽所犯罪行。最终，共列出三十条大罪，判处鳌拜死刑，籍没其家。接着康熙亲自审理，核实鳌拜所犯的罪行，他指出："鳌拜以功勋受封，蒙先皇遗诏，辅佐政务。原本应该尽忠图报，却没想到他竟结党专权，紊乱国政，越位擅权，欺君罔上。与其交好就多方引用，与其不合的立即构陷残害。种种恶性，难以枚举。"

鳌拜入狱后请求再见康熙一面，康熙应允了。见到康熙后，鳌拜向康熙展示了自己当初搭救清太宗御驾时身上所留下的伤疤。康熙见了不禁有些动容，他念及鳌拜过去为国家所立下的功劳，于是下令免除死刑，改为革职拘禁，其家产籍没，其子也被终身禁锢。

不久后，鳌拜死于禁所之中，康熙释放了他的儿子。一年后，康熙下旨处死鳌拜弟、侄数人及其党羽中的骨干人物，并为当年受鳌拜残害而死的苏克萨哈平反昭雪，恢复其原官职及世爵，鳌拜一党至此尽数清剿。

不得不说，康熙剿灭鳌拜党羽所采取的方针与策略都是明智而妥当的。鳌拜等人也低估了这位明君的才能，从而导致最终的失败。经过这一起事件，年轻的康熙崭露头角，大获全胜，终于重揽政权，尽显他作为一个政治家的风度与才能。

清康熙·铜胎掐丝珐琅缠枝莲纹出戟觚

觚铜胎，喇叭口，圆台座，细长腹出戟，上大下小。通体以掐丝珐琅浅蓝釉为地，用单线勾勒回纹及缠枝莲纹，颈部宝蓝地彩绘蕉叶纹内饰缠枝莲纹。现藏于美国大都会艺术博物馆。铜胎掐丝珐琅又称景泰蓝，是用细扁铜丝做线条，在铜制的胎上捏出各种图案花纹，再将五彩珐琅点填在花纹内，经烧制、磨平镀金而成。清初时景泰蓝工艺已闻名天下，大量出口国外，成为海外贵族家庭中的摆饰品。

> 1655年—1685年

性德，纳喇氏，初名成德，以避皇太子允礽嫌名改，字容若，满洲正黄旗人，明珠子也。……性德善诗，尤长倚声。遍涉南唐、北宋诸家，穷极要眇。所著饮水、侧帽二集，清新秀隽，自然超逸。

——《清史稿·卷四百八十四·文苑一》

清初第一词人纳兰性德

论出身，他诞于豪门，钟鸣鼎食，又因才华出众深受帝王赏识而金阶玉堂，平步宦海；谈才干，他天赋异禀，惊才绝艳，位列清词三大家，享"清初第一词人"之称。偏偏却落拓无羁，轻取功名，终在一场醉梦中溘然长逝。

别名
纳兰成德、纳兰容若

擅长
写词

主要作品
《通志堂经解》《侧帽集》《饮水词》《渌水亭杂识》

词风
清新隽秀、哀感顽艳、格高韵远、独具特色、直指本心

后世赞誉
以自然之眼观物，以自然之舌言情

纳兰性德（1655年—1685年），字容若，号楞伽山人，满洲正黄旗人。顺治十一年腊月十二日（1655年1月19日）在北京出生，取名成德，因避太子保成讳改名为性德，后来又因太子更名胤礽才得以恢复本名。

"纳兰"是清初满族最显赫的八大姓之一，也就是后来的"叶赫那拉氏"，家族隶属正黄旗，地位显赫。纳兰的曾祖父叶赫那拉·金台吉是女真叶赫部首领，而金台吉的妹妹又是清太祖努尔哈赤的

清·禹之鼎·纳兰容若像
出自《清代学者像传》。纳兰性德（1655年—1685年），叶赫那拉氏，满洲正黄旗人，大学士明珠之子，康熙进士，官一等侍卫，善骑射，好读书，经史百家无所不窥，尤工词。其手简真迹，被中国纳兰性德研究界奉为"国宝"。

妃子、清太宗皇太极的生母。父亲是康熙朝武英殿大学士纳兰明珠，位列一代权臣，母亲是英亲王阿济格的第五个女儿，贵为一品诰命夫人。

木兰花令

人生若只如初见，
何事秋风悲画扇？
等闲变却故人心，
却道故人心易变。
骊山语罢清宵半，
泪雨霖铃终不怨。
何如薄幸锦衣郎，
比翼连枝当日愿。

——清·纳兰性德

纳兰自年幼起便博览群书，文武兼备，天资聪颖的他读书几乎是过目不忘。17岁那年，纳兰进入国子监，得祭酒徐文元赏识，被引荐给内阁学士徐乾学。18岁时，纳兰参加顺天府乡试中举，19岁会试中第，及贡士。但康熙十二年（1673年），纳兰因病错过殿试。之后他便更加勤学苦读，拜入名师徐乾学门下，并在其指导下仅用了两年的时间主持编纂了一部儒学汇编——《通志堂经解》，康熙帝因此大为赞赏。

康熙十五年（1676年），纳兰补考殿试考中第二甲第七名，及进士。康熙封他为三等侍卫，不久后又提拔至一等，成为自己身边的御前侍卫。康熙帝带着他南巡北狩，游历四方，恩赏有加，还命他出使梭龙，考察沙俄侵边情况。

康熙十三年（1674年），纳兰娶两广总督卢兴祖之女卢氏为妻。夫妻二人成婚后感情笃深，恩爱有加，纳兰更是由此激发了诗词创作的天赋。然而不幸的是二人成婚三年后，卢氏因难产离世。纳兰一时间陷入极大的痛苦之中，悼亡之音由此破空而起，成为《饮水词》中再无法超越的一个高峰。

康熙十八年（1679年），时年二十四岁的纳兰性德将自己的词作编撰成集，取名《侧帽集》，随后又著《饮水词》。这两部词集在后世被人们增遗补缺至349首，合成在世界享有盛誉的《纳兰词》中。

拥有超逸脱俗的禀赋的他骨子里却也同时拥有着诗人落拓无羁的性格，以及功名轻取的潇洒。他厌恶官场，看轻名利，无心仕途，但却身不由己，由此形成了一种常人难以体察到的心理压抑。加上爱妻早故，挚友聚散，康熙二十四年（1685年）暮春，纳兰抱病与好友聚饮醉酒，一咏三叹，此后便一病不起。最终，这位年仅30岁（虚龄三十有一）的清初第一词人于七日后溘然而逝。

纳兰性德墓砖
位于北京清代词人纳兰性德纪念馆内。

1673年—1681年

十一月辛亥，诏从贼诸人，除显抗王师外，馀俱削官放还。……王师于十月二十八日入云南城，吴世璠自杀，传首，吴三桂析骸，示中外，诛伪相方光琛，馀党降，云南平。

——《清史稿·卷六·圣祖本纪一》

三藩之乱

狡猾的老狐狸最终也没能斗过智勇双全的年轻猎手，力排众议，果断坚决，迎来的是一场来之不易的胜利。作为倾其全力的奖励，清朝迎来的是辉煌盛世。

时间
1673年—1681年

原因
三藩拥兵自重，严重威胁到中央政权

双方策略
吴三桂：联合耿精忠、尚之信，打出"兴明讨虏"招揽人心
康熙：招抚耿精忠、尚之信，孤立吴三桂

结果
清军大胜，耿精忠、尚之信归降；
吴三桂积郁而死，其孙子吴世璠自杀

康熙戎装像
康熙帝8岁登基，14岁亲政，在位61年，是中国历史上在位时间最长的皇帝。少年时就挫败了权臣鳌拜，成年后先后取得了对三藩、明郑、准噶尔的战争胜利，驱逐沙俄侵略军，怀柔蒙古各部，奠定了清朝兴盛的根基，被后世学者尊为"千古一帝"。

三藩之患

三藩是指镇守云南及贵州的平西王吴三桂、镇守广东的平南王尚可喜（袭其父尚学礼封爵）和镇守福建的靖南王耿精忠（袭其父耿继茂封爵）。尚可喜和耿精忠的祖父耿仲明早在清军入关前就投靠了后金，之后曾积极参与剿杀南方反清民间势力。吴三桂不仅是"引清入关"的关键人物，还在消灭南明小朝廷中立下汗马功劳，因此受到清朝晋封，令其镇守藩地。

他们手握重兵，在各自所镇守的省份中，既能辖制当地地方官员，又能掌控自己的军队和地方税赋等。其中，以吴三桂的势力最为庞大，他总兵力超过9万，俨然就是一个土皇帝，圈民地、放高利贷，私自铸钱、煮盐，还擅自向全国各地调动官员。他借口"边疆未靖，兵力

难减"，每年向中央政府申请巨额军饷，其财政开销，户部不得查核。

决心撤藩

康熙十二年（1673年），原靖南王耿仲明逝世，其孙子耿精忠承袭王位。此时的尚可喜也以年老为由上书朝廷，恳请批准他回辽东老家养老，让儿子尚之信承袭王位。年轻的康熙帝早就有了撤藩的想法，而眼下正好给了他一个机会。他同意了尚可喜告老还乡的请求，但不允许尚之信袭爵，令其撤藩回辽。吴三桂、耿精忠心生警惕，他们假意主动提出撤藩，试探朝廷的态度。

当康熙帝看到这二人的奏章后，立即召集朝中大臣商议对策。大部分大臣都认为如果批准了吴三桂等人的请求，势必会引起他们的造反，为了稳定当前局势，请求康熙帝驳回撤藩的奏章，安抚吴三桂等人。只有小部分大臣建议康熙帝强硬撤藩，快刀斩乱麻。康熙帝考虑到三藩久握重兵，势成尾大，非国家之利，便当即下旨召三藩入京，如果他们肯来就证明没有反意，可以逐步削弱他们的兵权。如果不来，则有反意。吴三桂接到旨意后称病拒不进京，康熙帝便立即下旨，裁撤三藩。

耿精忠所铸"裕民通宝"

靖南王耿精忠像
耿精忠（1644年—1682年），原明将毛文龙辖下参将耿仲明之孙，1671年袭靖南王爵。康熙年代清廷下诏撤三藩，耿精忠反，自称总统兵马大将军，蓄发恢复衣冠，与吴三桂合兵入江西，被清军镇压后送降，待三藩之乱彻底平息，康熙帝即诏将耿精忠凌迟处死。

三藩之乱

康熙十二年（1673年）十一月二十一日，吴三桂在云南率先起兵，杀了云南巡抚朱国治，并拘捕了按察使以下不顺从他的官员。为了笼络人心，他脱去清朝朝服，换上明朝服饰，重新使用明朝封给他的平西伯爵号，还前去祭拜永历帝。他以复兴明室为口号，并发布《反清檄文》，一时间叛明降清的武将、大臣及民间一些百姓迅速响应。

吴三桂所铸"昭武通宝"
清康熙十七年（1678年）三月初，吴三桂在湖南衡阳称帝，国号大周，改元昭武，为维持人心，铸"昭武通宝"。此钱仿明代钱币旧制，其版式有小平和折十型。小平楷书钱较多，常光背，也有背"工"者；小平篆书则较少；折十是篆书大钱，背"壹分"，篆文古拙。

由于吴三桂常年驻守西南地区，根基深厚，势力庞大，一开始在军事上进展迅速，一路打到了湖南境内，并迅速进据澧州、常德、岳州、长沙。接着他派人与广东的尚可喜和福建的耿精忠联系，邀请他们一起响应。随即耿精忠在福建，尚之信在广东相继起兵。耿精忠还联系台湾郑成功长子郑经渡海进兵福建漳州、泉州和广东潮州。其他一些与清廷有矛盾的汉籍将领，如广西将军孙延龄、陕西提督王辅臣、云南提督张国柱、贵州巡抚曹申吉以及提督李本深等人也响应吴三桂。

平定叛乱

三藩之乱来势汹汹，让清廷猝不及防，一年多的时间内朝廷丢失了大江以南的大部分地区。果断刚毅的康熙帝并没有自乱阵脚，下令削去吴三桂爵位，处死在北京居住的吴三桂儿子吴应熊和孙子吴世霖，然后调遣兵力讨伐吴三桂。

康熙帝亲自部署了平定叛军的作战计划，把清军分为两路，湖北荆州和江西因地理位置被作为前线，八旗劲旅固守，遏止叛军过江北上；山东兖州和山西太原作为后方的两个支点，以重兵把守，控制南北和东西两条孔道，策应前线。同时下诏宣告天下，凡能悔过归顺的免于

尚之信像
尚之信（1636年—1680年），字德符，号白岩，平南王尚可喜长子，吴三桂病死后，投降清朝，后被康熙帝处死。

其罪。

为了集中兵力消灭吴三桂,康熙帝对观望不定的汉将实行笼络和加恩重用的政策,同时对于耿精忠和尚之信二藩暂时停撤,加以安抚。康熙十五年(1676年)十月四日,靖南王耿精忠在清军压境、军饷匮乏、军心涣散的情况下,不得不率文武官员出降。同月,尚可喜病逝,尚之信得知耿精忠附清后,主动派人持密函请降。

福建和广东平定之后,吴三桂就处于孤立无援的境地。康熙十七年(1678年),清军完全控制了广东、福建、江西、陕西等地。眼看大势已去,为稳定军心,三月,74岁的吴三桂在衡州(今湖南衡阳)南郊筑坛祭天,自立称帝,建国号为周,改元"昭武"。不料,八月他就病死在长沙,其孙吴世璠继承帝位。清军趁此机会水陆两军猛攻湖南咽喉要地岳州(今湖南岳阳),大败叛军,决定性的胜利奠定了湖南的平定。

康熙十九年(1680年)尚之信被赐死;二十年(1681年)年底,清军兵分三路围攻云南昆明,吴世璠走投无路自杀而亡,余众纷纷投降;二十一年(1682年)耿精忠以逆党罪被处死。三个藩王被解决后,康熙帝又对其部属做了妥善安置。至此,三藩之乱彻底平息。

中国康熙帝与俄国彼得大帝

康熙帝	彼得大帝
爱新觉罗·玄烨,1661年—1722年在位;勤政,兴趣广泛	彼得·阿列克谢耶维奇·罗曼诺夫,1682年—1725年在位;勤政,兴趣广泛
8岁登基,14岁亲政,在位61年,被后世学者尊为"千古一帝"	11岁被立为沙皇,18岁掌握实权,被认为是俄罗斯最杰出的皇帝
设立南书房,加强皇权,抑制旗权	实行宗教改革,强化皇权,加强封建专制的中央集权制
智擒鳌拜、平定三藩、尊儒右文、注重西学、蠲免钱粮、地丁合一、修治漕运,开创了康熙盛世的局面	积极兴办工场,发展贸易,发展文化、教育和科研事业,采用几近野蛮的手段在国内推行西化改革,奠定了现代化强国俄罗斯的坚实基础
统一台湾、驱逐沙俄、大破准噶尔汗国,巩固了统一的多民族国家	改革军事,建立正规的陆海军,继而发动了战争,夺得波罗的海出海口,促进俄罗斯的对外领土扩张
整顿吏治,亲自出京巡视,了解民情,关注民生疾苦	建立辖省制度,颁布了"官秩表",为平民进入技术官僚体系提供机会

> **1683年**
>
> 八月，琅统兵入鹿耳门，至台湾。克塽率属薙发，迎於水次，缴延平王金印。台湾平，自海道报捷。
>
> ——《清史稿·卷四百八十四·文苑一》

施琅收台湾

降敌投清誓复仇，身膺重任志不休。兵入台澎平郑氏，一纸奏疏辖九州。灭亲之仇与报国之责，将这位充满刚毅与坚强的将领推上了征台之路，入台之后又冷静处理公义私怨，其胸襟和眼界对于清初疆域的巩固起到了至关重要的作用。

时间
1683年

主要战役
澎湖海战

参战方
清朝：约2.4万兵力，战船238艘；
明郑：约2万兵力，战船200艘

双方指挥官
清朝：福建水师提督施琅、前锋蓝理；
明郑：统帅刘国轩，延平郡王郑克塽

伤亡情况
清朝：329人死亡，1800余人受伤；
明郑：1.4万人死亡，200艘战船被俘

战况结果
清朝获胜，收复澎湖，统一台湾

投清报仇

施琅（1621年—1696年），字尊侯，号琢公，福建省泉州府晋江县（今晋江市龙湖镇衙口村）人。施琅原是郑成功之父郑芝龙手下的一员部将，顺治三年（1646年），他随郑芝龙降清，随后又投向郑成功参与抗清。据史书上记载，施琅虽精通兵法，但与用法极严的郑成功在性格上就存在分歧，而二人真正决裂则是由于顺治九年（1652年）四月的"曾德事件"。

曾德曾是施琅手下一名标兵，他因违背军法犯了死罪，害怕受到惩处而投奔了郑成功，成为郑成功的亲随。施琅知道后大为恼恨，就把曾德抓回来接斩首了。郑成功勃然而怒，当即下令将施琅及其父亲施大宣、弟弟施显逮

施琅石像
位于福建省晋江市衙口村海湾，由雕塑家李维祀设计，石像高达十几米，重1100吨。石像面向台湾海峡，双手扶剑而立，目光坚定，表情坚毅。

捕问罪,没想到却被施琅用计逃脱了。郑成功一怒之下便处死了他父亲和弟弟。施琅闻讯后悲愤万分,转身投靠清朝,誓要踏平台澎(台湾、澎湖),族灭郑氏,以报杀父诛弟之仇。

当时的清军多以骑兵作战为主,懂海战的将领少之又少。施琅的归顺,清政府自然是极其欢迎的。施琅当即被任命为副将,随后又于康熙元年(1662年)被擢升为福建水师提督。康熙三年(1664年),施琅率领部众乘坐船只准备出征台湾,却因在澎湖一带遭遇狂风暴雨,两次进攻都徒劳而返。清政府只好暂时搁置进取台湾的计划,转而对郑氏政权采取招安,但最终双方都未能达成协议。

郑成功去世后,其子郑经袭爵位,继续抗清。康熙十三年(1674年),三藩之乱爆发,混战之中郑经为图谋复明计划而将目标锁定在大陆沿海一带,由此与清政府展开了长达五年的拉锯战。最终,三藩之乱以清政府的胜利而得以平定,曾经被暂时搁置的进取台湾计划再次被提了出来。

澎湖之战

康熙二十年(1681年),郑经病逝,其子郑克塽即位。此时的台湾内部因争权夺利而早已变得腐败不堪,正是进取台湾的大好时机。于是施琅便上书恳请出兵台湾,适时朝中大臣因施琅为降将之身而不赞成让他领兵,但康熙帝却力排众议,将进取台湾一事交与他,还准许他"相机自行进剿"。

施琅十分感动,于是,康熙二十二

清·佚名·钦定平定台湾凯旋图
康熙朝宫廷画家所绘,描绘了施琅大将军率军平定台湾后凯旋的情景。对于台湾的问题,施琅将军曾说"弃之必酿大祸,留之诚永固边围"(《恭陈台湾弃留疏》),对此康熙皇帝极为赞同。台湾回归后,清廷设立台湾府及台湾、凤山、诸罗三县,隶属福建省。

年（1683年）年六月十四日，他肩负着报国家之恩的责任和报灭亲之仇的誓言，率水师2.4万人，战船300余艘，根据风向和敌方防御情况的情报由铜山（今福建东山岛）出发，向东穿越台湾海峡，夺取郑军防守最薄弱的地方——位于澎湖主岛南面的八罩岛。

六月十六日，施琅向澎湖发起的首战失利，但他并未灰心，而是很快吸取教训，迅速部署下一次作战计划。他将清军分为四路，自己作为主攻部队进攻郑军主阵地娘妈宫；80艘战船预备队随同自己跟进；总兵陈蟒率领东线攻击部队作为奇兵，从澎湖港口东侧突入鸡笼屿，配合主攻部队夹击；总兵董义率领西线攻击部队从港口西侧登陆牛心湾，以佯攻牵制西面的郑军；十八日，施琅攻陷澎湖港外的虎井、桶盘二岛，清理外围，然后停下休整，养精蓄锐。

二十二日早上，施琅率兵向澎湖郑军发起总攻，经过9小时的激战后，清军取得全面胜利。郑军死亡人数约达1.4万人，200艘战船被俘获，另有165名将领以及4800名郑军倒戈投降。而清军死亡人数仅有329人，负伤人数为1800余人，战船损耗轻微。

经此一役，原本就因内部矛盾而实力大减的郑氏政权更是元气大伤。郑克塽无奈之下派人去澎湖与施琅谈判，表示愿意"隔海而治，称臣纳贡"，但却遭到施琅的拒绝。郑克塽只好选择投降，将延平郡王的官印以及降书一并交给了施琅。

统一台湾

八月，施琅率领清军进驻台湾，接受了郑氏的归降，中国终于恢复了统一的局面。但清政府是否要在台湾设立地方政府，对此官员们争论纷纷。有的人认为台湾地方狭小，人口稀少，不管是设立地方政府，还是派兵驻守，都无疑是浪费粮饷，主张放弃台湾，建议让台湾人民迁移到大陆，清军则驻守澎湖。但施琅与闽浙总督姚启圣等人却提出反对，认为如果放弃台湾，就会被海盗或是其他外国殖民势力乘虚而入，日后于清政府必然不利。

正当康熙帝陷入两难之中时，施琅上奏了一封《恭陈台湾弃留疏》。这封奏折里，施琅清楚地表述了台湾与东南海防的重要关系，并驳斥了那些主张放弃台湾的大臣的论点。他进劝康熙帝，台湾虽是边远的岛屿，但却是沿海四省的要害所在，况且台湾资源和物产丰富，绝不能弃而不守。康熙帝看完后当即采纳施琅的建议。

康熙二十二年（1683年）四月，清政府在台湾设立台湾府（郑氏集团的承天府），隶福建省，与台湾、凤山、诸罗三县共由台湾总兵、台湾府知府辖治。清政府还采纳了施琅的建议，派遣1万清军驻守澎湖，以防外患。至此，台湾正式归入清政府统一的政权管辖之下。

猎鹿图

此图描绘了台湾原住民的生活习俗之一。当地人以狩猎为生，10岁以上的人就开始用弓训练，直到他们能准确无误地射中三四十步外的目标。当春天的草长得茂盛时，部落里的人就会带上所有的工具和猎狗，外出集体狩猎。他们会刺破鹿的喉咙取血，烤兔子和家禽。然后把这些动物的内脏收集起来，发酵成一种叫作"肉芽"的美味，皮和皮毛与汉人交换盐、大米、烟草、衣服和其他物品。

> **1685年—1688年**
>
> 俄罗斯之为罗刹,译言缓急异耳,非必东部别有是名也。初遣兵诇敌,即坦主其事;取雅克萨城,朋春、萨布素迭为将,而郎坦与玛拉实佐之。
>
> ——《清史稿·列传六十七》

雅克萨反击战

美国著名学者斯塔夫里·阿诺斯曾在他的《全球通史》中评论道:"中俄《尼布楚条约》,即中国与沙俄签订的第一份平等条约。至此,俄罗斯人在今后的170年里一直遵守条规,停留在阿穆尔河流域以外的地区。"

时间
1685年—1688年

地点
黑龙江及今阿穆尔州

参战方
清朝、沙俄

双方指挥官
清:彭春、萨布素
俄:托尔布津、杯敦

双方投入兵力
第一次:清军约3000人,俄军450人
第二次:清军约2000人,俄军826人

作战结果
清军获胜,中俄双方签订了《尼布楚条约》

取胜原因
军事与外交斗争相互配合;避开敌方炮火优势,以挖壕断其外援,实行围困作战

沙俄侵扰

16世纪以前,俄国原本只是欧洲的一个小小的封建农奴制国家,与中国相隔万里。直到16世纪初,俄国统治者开始实行逐步对外的侵略扩张计划,并于明崇祯五年(1632年),在其势力扩张至西伯利亚东部的勒拿河流域后建立雅库茨克城基地。至此,为了实行南下侵略中国的目的,自明崇祯十六年(1643年)起,俄国就开始不断地派遣武装人员侵扰中国黑龙江流域,烧杀抢掠。

顺治六年(1649年),沙俄将领哈巴罗夫率领70名士兵从雅库茨克出发,于年末进入中国黑龙江,却不料遭到当地百姓激烈反抗。哈巴罗夫便将作战指挥权交给自己的手下,自己孤身折回雅库茨克求援,于次年率领138名雇佣兵,携带3门火炮以及一些枪支弹药前往黑龙江,强攻占

萨布素将军雕塑
萨布素(1629年—1701年),生于宁古塔(黑龙江宁安县),满族镶黄旗人,行伍出身。清初抗俄名将。

取了位于黑龙江省漠河县以东黑龙江北岸的雅克萨城（今俄罗斯阿尔巴金诺），并构筑寨堡，设置工事。

当地百姓奋起反抗，并向清政府请求支援。于是，顺治九年（1652年）二月，清政府派驻守宁古塔的海包率领清军支援，与俄军在乌扎拉村展开作战，致使俄军伤亡88人。自此以后的10年时间里，中俄两军之间小规模的冲突便接连不断。

战事爆发

从顺治末年至康熙初年，沙俄便趁清廷忙于国家统一和平定三藩之际，不断对黑龙江中下游地区进行侵略掠夺。康熙帝也曾多次派遣使者与俄方进行交涉、警告，但均无作用，他便意识到，只有动用武力才能阻止沙俄的侵略。

于是，康熙帝在三藩之乱平定后便远赴关东东巡，对黑龙江流域的情况加以了解，随后为驱逐沙俄侵略军制定了四条措施：加强侦察和封锁；在瑷珲筑城永戍，进行屯垦；在瑷珲至吉林途中设立驿站；加紧造船，确保军粮的运送。一切准备就绪后，康熙二十二年（1683年）九月，适国内初定，清政府终于开始对东北边境的俄军实行清剿了。

康熙帝先派人勒令沙俄侵略军从雅克萨等地撤离，然而俄军非但不予理睬，还派人到瑷珲烧杀抢掠，却不料被当时驻守宁古塔的副都统萨布素率兵击溃，俄军在黑龙江下游建立的据点也一举被焚毁。雅克萨由此变成了一座孤城，但俄军依然死守雅克萨城抵抗清军，这对东北边境来说依然是个威胁。因此，康熙二十四年（1685年）正月二十三日，为了彻底驱逐沙俄侵略军，康熙帝命都统彭春于四月出发，率领约3000名清军，携带战舰、火炮从瑷珲出发，兵分水、陆向雅克萨城进军，收复雅克萨城。

五月二十二日，彭春率兵抵达雅克萨城下，在向俄军将领托尔布津下达最后通牒被拒后，于次日兵分水、陆两路发起攻城。彭春将步兵列于城南，火炮布于城北，水军战舰则在城东南排开阵势。二十五日黎明时分，俄军在清军的猛烈炮击下伤亡惨重，托尔布津被迫投降，并在得到彭春的同意后保留俄军武装实力，从雅克萨城撤离，退至尼布楚（今涅尔琴斯克）。

二战雅克萨

然而，战败的沙俄侵略军却并没有放弃继续侵略中国东北的计划。

康熙二十四年（1685年）秋，时隔不到半年时间，莫斯科派了600余人增援尼布楚。适时清军已经从雅克萨城撤离了，托尔布津便率领部众回到雅克萨城，并再次修建了更加坚固的城堡。康熙帝得知消息后极为震怒，当即下令展开反击。

反映雅克萨之战的浮雕

康熙二十五年（1686年）七月二十四日，清军黑龙江将领萨布素率领2000余人兵临雅克萨城下，将城池团团包围，并敕令沙俄侵略军投降。托尔布津自恃城池坚固，拒不理睬。于是清军开始发起攻城，沙俄军头目托尔布津在战中中弹毙命，俄军副将杯敦接管指挥权，带兵负隅顽抗。形势陷入僵局，清军考虑到俄军死守城中必然是为了等待援军，加之隆冬冰合后，战船、马匹、粮草运输等行动多有不便，便在雅克萨城的东、南、北三面掘壕，实行围困计划，并派战船在城西河上巡逻，断其外援。

清军对俄军施行了近一年之久的围困，城中俄军折损惨重，原有的826名侵略军最后仅剩下66人。俄国沙皇接到战报后立即派遣使者来到边界与清政府商议，请求撤围。清政府答应了沙皇的请求，这才撤除包围，放残余的沙俄侵略者撤回尼布楚。

战事结束后，康熙二十八年（1689年）七月二十四日，中俄双方签订《尼布楚条约》，条约中规定，将兴安岭至格尔必齐河和额尔古纳河作为中俄两国东段边界，库页岛（现称萨哈林岛）往西至格尔必齐河、额尔古纳河，外兴安岭以南，以及整个黑龙江流域、乌苏里江流域的土地都属于清朝，岭北、河北属于沙俄。至此，清政府成功扼制并挫败了沙俄几十年以来的侵略以及意图跨越外兴安岭侵略中国黑龙江流域的企图，给了东北边境百姓一个长达一个半世纪的安宁。

清康熙年间历任黑龙江将军

姓名	任命时间	卸任时间	备注
萨布素	康熙二十二年（1683年）十月	康熙四十年（1701年）二月	满洲镶黄旗，抗俄名将，守城能臣，在任18年
沙纳海	康熙四十年（1701年）二月	康熙四十二年（1703年）七月	满洲正黄旗，在任两年有余
博定	康熙四十二年（1703年）八月	康熙四十七年（1708年）九月	改领侍卫内大臣，在任五年有余
发度（法都）	康熙四十七年（1708年）十一月	康熙四十八年（1709年）二月	满洲正黄旗，因行为悖谬革职，在任不满两年
杨福	康熙四十八年（1709年）二月	康熙五十四年（1715年）五月	清朝宗室，在任六年有余，卒于任上
托留	康熙五十五年（1716年）十月	康熙五十九年（1720年）二月	在任不满四年，卒于任上
陈泰	康熙五十九年（1720年）二月	雍正四年（1726年）二月	在任六年，召回北京改任

1657年

> 有清以科举为抡才大典,虽初制多沿明旧,而慎重科名,严防弊窦,立法之周,得人之盛,远轶前代。
>
> ——《清史稿·卷一百八》

丁酉科场案

十年寒窗无人识,一朝题名天下知。苦读半载心求仕,难料舞弊落榜时。自古科举舞弊多,多少满腹实学的学子折损于此。唯有严防弊窦,周立规法,方能得士之盛,肃清朝堂。

三次科场舞弊案

丁酉顺天乡试案
丁酉江南乡试案
丁酉河南乡试案

时间

1657年

发生地点

顺天(今京津地区)、江南、河南

起因

考场监考官或因欲结权贵,或因贪财纳贿,篡改科考名次或试卷,徇私舞弊

涉嫌官员

丁酉顺天乡试案:曹本荣、宋之绳、李振邺、张我朴;
丁酉江南乡试案:方猷、钱开宗;
丁酉河南乡试案:不详

惩办结果

涉案官员依法论处,取中的举人于太和门前重新考试

蒙冤之人

吴兆骞(边塞诗人)

科举制是中国古代通过考试选拔官吏的制度,兴起于隋朝,明朝时制度得以逐渐完善。清太宗皇太极即位的第三年——天聪三年(1629年),下令仿照明朝制度,让满族文人也参与考试。

但科举制自开科以来,舞弊现象便屡禁不绝。清朝时期,规模最大的舞弊科场案有三起,其中影响最大的一起发生于顺治十四年(1657年)的丁酉科场案。此案发生在江南的乡试中,其主考官叫方猷,副考官叫钱开宗。乡试结束后,放榜那天,考生们纷纷过来查看成绩,却发现那些明明资质平平或庸碌无为的富家子弟竟然都榜上有名。一时间群情激愤,大家怒气冲冲地跑到文庙去哭庙,大喊科

古代科举考试的模拟场景

吴兆骞像

出自《清代学者像传》。吴兆骞（1631年—1684年），明末清初诗人，字汉槎，号季子。江南吴江人。顺治十四年（1657年）举人，以丁酉科场案流放宁古塔（今黑龙江省宁安），穷愁饥寒，敲凿冰块，粗粮为食。幸得难友方拱乾的关照，顺治十八年（1661年）方拱乾赎归。

考有舞弊行为，并殴打清朝官吏，甚至还聚集在江南贡院门前激烈抗议。

科考舞弊一事闹得沸沸扬扬，有人即刻贴出对联："孔方主试付钱神（指方猷、钱开宗），题义先分贫与贵（考题中有《论语》"贫而无谄"）。"适时，江南坊间还流传开了一部名为《万金记》的小说，"万"即是"方"字上面去掉一个点，"金"即是"钱"字去掉右半边，意指主考官方猷和副考官钱开宗。这部小说以其浩大的声势一直从江南流传到了北京，几乎是尽人皆知。主考官方猷和副考官钱开宗见情势不对，当即乘船离开，考生们沿岸追赶，一边朝船上扔石头，一边唾骂。

当顺治帝得知江南科场一事后十分震怒，当即下旨捉拿方猷、钱开宗回京，革职严审，同时令已经取中的举人齐聚北京太和门前，将他们列为行贿舞弊的嫌疑人，重新考试。当时正值正月，天气严寒，考生们冻得直哆嗦，又个个身戴刑具，每人由两名持刀士兵监视。在这极其紧张的气氛下，不少考生都哆哆嗦嗦写不出字来，还有许多考生直接晕厥过去。

复试后，仅有74人获准参加会试，24人被罚停会试，14人被革去举人，证实江南乡试确实存在舞弊行为。顺治帝遂下令依法处置方猷、钱开宗二人，其妻子、家产籍没入官。另处同考官18人绞刑，举人方章钺等8人各责四十板，家产籍没入官，父母、兄弟、妻子流徙宁古塔（今黑龙江宁安）。但在这8名举人中，有一个叫作吴兆骞的其实是蒙冤的。他是江南有名的才子，满腹实学，只因在考试时受情绪影响没有考好，而被流放到宁古塔20余年。但在流放期间，他勤于作诗，成为清朝著名的边塞诗人。

顺治十四年（1657年）的丁酉科场案至此结案，虽量刑过重，但却起到了实效，此后多年都无人再敢犯案。

1617年—1684年

二十年，入觐，召对，上褒为"清官第一"，复谕劾赵履谦甚当，成龙奏："履谦过而不改，臣不得已劾之。"上曰："为政当知大体，小聪小察不足尚。人贵始终一节，尔其勉旃！"

——《清史稿·于成龙传》

"天下第一廉吏"于成龙

天南地北的赴任生涯，廉洁清苦的宦海岁月。他轻轻地来，带来了蜚声朝野的突出政绩和廉洁作风，带来了百姓的安稳生活和安定内心。他轻轻地走，却两袖清风。

别名
字北溟、号于山

曾任官职
罗成县知县，四川合州知州，湖广黄冈知州，武昌知府，福建按察使，布政使，巡抚和总督，兵部尚书，大学士，江南江西总督

主要成就
建立保甲，治道省讼，严惩贼寇；
为百姓解决定居与垦荒问题；
重审"通海"案件；
整顿吏治，关心科考，兴办"义学"

人物著作
《畿辅通志》《江南通志》《于山奏牍》《于清端公政书》

历史评价
天下第一廉吏

大器晚成显才干

于成龙（1617年—1684年），字北溟，号于山，山西永宁州（今山西吕梁离石区）人。于成龙是一个大器晚成的人，崇祯十二年（1639年），他应考乡试，但因揭露省城太原考场考官行贿受贿而无缘正榜，只中了个相当于备取生的"副榜"贡生。会试后，他因父亲年迈需要照顾而回到来堡村，放弃了做官的机会。顺治八年（1651年），时年已经35岁的他再次参加乡试，却又再次落榜。之后其兄长病故，第三子降生，沉重的家庭开支一下子全落在他的身上，使得他不得不暂时放弃参加科举考试，一心忙于养家糊口，直到顺治十八年（1661年），已经44岁的他才终于告别妻子，接受朝廷委任前往遥远的边荒之地——广西罗城担任县令。

清正一品文官两江总督于成龙画像
于成龙（1617年—1684年），官至总督、兵部尚书、大学士。一生勤政廉洁，多行善政，深得士民爱戴，以"天下第一廉吏"蜚声朝野。

当时罗城隶于清政府统治才不到两年，城中局势未稳，遍地荒草丛生。且不说居民只有六户，连衙门都只是三间破茅房。在这样恶劣的环境下，于成龙随行的仆从死的死，逃的逃，只有他一人凭借坚定的意志留了下来，并由此踏出了仕宦生涯的第一步。

于成龙采用"治乱世，用重典"的策略，在罗城中建立保甲，严惩案犯。同时招募流民百姓恢复城中生产。夜里，他常常到地里察看农事，农闲时，就带着城中百姓修葺民宅，修筑城墙，修建学校。他对百姓关怀备至，对地方豪强刚柔并用。于成龙在罗城7年，全县面貌大为改观，原先那个残破不堪的罗城开始变得富有生机。

宽严并治于青天

康熙六年（1667年），于成龙因治行突出而深受两广总督金光祖的赏识，被举荐升任四川合州（今重庆合川区）知州。彼时的合州因连绵战乱而人口剧减，仅有百余人。然而不到两年的时间，合州在于成龙"革除弊政、开垦荒地、区划田舍"等一系列治理下面貌焕然一新。

合州不但人口骤增，田地开辟也

康熙南巡图（局部）

康熙在位时，为了解百姓的生活情况和官吏们的施政状况，他会经常到各地巡视。即便是当时被认为是最卑贱的工匠和农夫，康熙也亲切温和地询问他们一些问题，这其中一定包含他们对当地的官吏是否满意。如果百姓普遍倾诉对某个官员的不满，康熙皇帝会将他撤职；如果是交口称赞，他会再观察一段时间。于成龙也因此而受益，康熙第一次南巡时就探听了他的政绩，深入了解了于成龙的清廉和公正。回宫之后，康熙当众表扬了于成龙，并给予了高度评价。

取得了重大成就。由于招民垦荒政绩显著，清康熙八年（1669年），于成龙被擢升为湖广黄州府（今湖北黄冈）同知，又于四年后擢升知府。当时黄州盗贼横行，严重侵害了当地百姓的正常生活。于成龙为了解决这一严重的大患，曾多次微服走访，从而获悉盗贼的情况，然后针对盗贼开展了一系列有力的打击活动。对待案犯，他采取"宽严并治"和"以盗治盗"的策略，其成效十分显著。此外，于成龙还是百姓口中人人称道的"于青天"。这都归功于他才思敏锐，断案无私，曾帮助当地百姓解决过许多起重大悬案、议案，平反错案。

康熙十七年（1678年），于成龙擢升福建按察使。赴任途中，他却依然是两袖清风，只带了一捆行囊，饿了就吃萝卜充饥。

当于成龙抵达福建时，正逢清政府为对付台湾郑氏政权实行"海禁"政策。当地原本就兵祸四起，而地方官员竟动辄以"通海"之罪大肆抓捕，使得百姓苦不堪言。是以于成龙一上任后便坚决重审案件，还千余名无辜百姓一个清白。

廉洁一生得民心

康熙十八年（1679年）夏，于成龙因政绩显著而官至福建省布政使，福建巡抚吴兴祚十分欣赏他，还特地向朝廷举荐他，称他是"闽省廉能第一"。

然而，于成龙虽然一再升官，但生活却依然艰苦朴素。他始终坚守"为民上者，务须躬先俭朴"的原则，即使是后来直隶总督任上，他也从不大鱼大肉，每日只是糠粥青菜，江南民众甚至亲切地称呼他为"于青菜"，称赞他的清操苦节。他天南地北走马上任，身边并无亲眷照顾，当年与发妻一别20年才得以重逢。

于成龙任福建省布政使不到两年，又出任总制两江总督，加兵部尚书、大学士。此消息一出，南京的富豪商户立即褪下丝绸换上布衣，士大夫生

清·象牙雕荷塘双鹭图臂搁

臂搁是古代中国文人用来搁放手臂的文案用具，又称腕枕，除了能够防止墨迹沾在衣袖上外，还能缓解抄写带来的疲劳感。文人墨客们在炎热的夏天用它时，可以防止臂上的汗水洇纸，又可祛暑清爽。长短与镇纸相近的亦可当镇纸使用。此象牙雕制的臂搁，描绘了夏日荷塘内双鹭戏耍的场景，整体布局张弛有度，错落有致，采用浅刻、镂雕、高浮雕技法雕成，雅韵齐至，于方寸间展现了生动的景致，当是富贵人家或宫廷中牙雕文房用具中的精品。

活从简，缩减奴仆，当地的地痞流氓更是惶恐不安。

然而康熙二十三年（1684年）农历四月十八日，于成龙走到了人生的尽头，享年68岁。他逝世的时候除了一套官服，就别无他物了。百姓闻讯后，无论男女老少、商贩僧侣，皆是哀哭不已。得到消息的康熙帝甚至亲自为他撰写碑文，以表彰他清廉刻苦的一生。

清·青玉填金刻御书《尧典》册

此玉册《尧典》应出自御书处,青玉质,上填金刻字。清康熙二十九年(1690年)原文书馆改名御书处,主要负责摹刻、刷拓皇帝御制诗文、法帖手迹,并制造墨、朱墨等用品,下设刻字作、裱作、墨刻作、墨作。由皇帝特简亲王或大臣总理,下有兼管、库掌、匠役等共百余人。道光二十三年(1843年)改归武英殿修书处管理。

1640年—1715年

写鬼写妖高人一等，刺贪刺虐入木三分。

——《郭沫若·1962年为蒲松龄故居题写》

聊斋先生的鬼狐世界

一代天才作家，能诗文，善俚曲，满腹实学。却因科场弊端丛生、官僚酷虐贪鄙而屡试不第，怀才不遇。但谁料"鬼狐有性格，笑骂成文章"，清贫潦倒的生活中，他与其跌宕离奇的志怪故事扬名中外。

别称
聊斋先生

代表作
《聊斋志异》

文体
短篇小说集

后人评价
写鬼写妖高人一等，刺贪刺虐入木三分

王世桢题诗
姑妄言之姑听之，
豆棚瓜架雨如丝。
料应厌作人间语，
爱听秋坟鬼唱诗。

蒲松龄（1640年—1715年），字留仙，号柳泉居士，世称聊斋先生，是清代著名的小说家、文学家。崇祯十三年（1640年），蒲松龄降生于淄川（今山东淄博）的一个商户人家。蒲氏曾是淄川的一个书香世家，但因家道中落，加上清军入关，改朝易鼎，蒲松龄的父亲便只好弃学从商，并将重振家声的重担寄托在了蒲松龄的身上。

幸运的是蒲松龄自幼聪颖伶俐，好读诗书，在父亲的影响下，小小年纪的他就十分热衷于功名。是以19岁那年，蒲松龄参加县府考试，结果考中秀才，一时间闻名乡里，就连山东学政施闰章都对他称赞有加。然而在那之后，他虽才华满腹，却屡试不第，直到46岁时才被补为廪膳

蒲松龄画像
蒲松龄（1640年—1715年），字留仙，一字剑臣，别号柳泉居士，世称聊斋先生，自称异史氏，现山东省淄博市淄川区洪山镇蒲家庄人，汉族。出身于一个逐渐败落的中小地主兼商人家庭。19岁应童子试，接连考取县、府、道三个第一，名震一时。补博士弟子员。以后屡试不第，直至72岁时才成岁贡生。1715年正月病逝，享年76岁。创作出著名的文言文短篇小说集《聊斋志异》。

生（科举制度中生员名目之一），72岁被补为贡生。

蒲松龄为人重情重义，待友诚挚，但性格孤直，不喜欢曲意逢迎世俗，终身怀才不遇。32岁那年，他在当地西铺村毕际有家做私塾先生，平日除了微薄田产外都是靠教书为生，但终日颠倒于荒山僻隘之乡，过着清贫潦倒的日子，几乎是不知肉味。

考场失利，生活清苦，加上在做私塾教师时从各个阶层的人物身上所了解到的他们的疾苦，让蒲松龄从中参透了这炎凉世态，此后他便开始创作《聊斋异志》。他的朋友张笃庆得知此事后便规劝他"聊斋且莫竞谈空"，让他别因为写小说耽误考科举。但蒲松龄却不肯放弃，他时常从一些三教九流或是朋友的口中听到一些奇闻异事，市井传闻，每次听到这些故事，他会在回到家后用纸笔记录下来。久而久之，这些取材于民间的故事最终成就了他的著作《聊斋异志》。

《聊斋异志》属志怪奇类小说，整部著作共有8卷，491篇，绝大多数是狐鬼花妖精魅的故事及一些奇闻异事。在文中，蒲松龄大胆地突破现实的束缚，以其精练井然、迂回虚幻的笔法和跌宕离奇的志怪故事，构建出了一个虚幻缥缈的璀璨世界，以此含射现实中的种种虚妄：昏庸的皇帝、贪婪的官吏、蛮横的恶霸、糊涂的士官、庸俗的士子，以及封建礼教对人性的扼杀，由此宣泄他的积郁，寄托他的孤愤，鞭挞社会的不公，抒发民间的积愤。此作在后世被称为"中国古典短篇小说的高峰"。

考弊司之循吏无情
清佚名绘《聊斋图册》，现藏于中国国家博物馆。《考弊司之循吏无情》揭露了封建科举制度内的腐败和虚伪，如考弊司主虚肚鬼王实际正以割髀肉勒索贿赂，堂下却立着"礼义廉耻、孝悌忠信"的碑，不给贿赂就连亲爹来说情也不行。

柳泉
位于山东淄博淄川蒲家庄（聊斋园）。当年此井水常满，外溢成溪，周围植柳百章，环合笼盖。蒲松龄曾在井侧茅亭处，以泉水设茶采风，搜集素材，创作《聊斋志异》。因酷爱此处，自号柳泉居士。泉旁立有当代文学巨匠沈雁冰先生亲书"柳泉"石碑。

> 清康熙年间

康熙二十三年九月……辛卯，上启銮。冬十月壬寅，上次泰安，登泰山，祀东岳。辛亥，次桃源，阅河工，慰劳役夫，戒河吏勿侵渔。临视天妃闸。与河臣靳辅论治河方略。

——《清史稿·本纪七》

康熙南巡

一代明治之君，虽贵为天子，却六下南巡，亲视河务，做到勤政爱民，任贤选能。有如此贤能的君主，既是大清盛世之幸，也是万众臣子之福。

次数
6次

时间
康熙二十三年（1684年）
康熙二十八年（1689年）
康熙三十八年（1699年）
康熙四十一年（1702年）
康熙四十四年（1705年）
康熙四十六年（1707年）

曾随行皇子
胤礽（皇太子）、胤禔（皇长子）、胤祉（三皇子）、胤祺（五皇子）、胤祐（七皇子）、胤禩（八皇子）、胤祥（十三皇子）、胤禵（十四皇子）等

南巡主要任务
巡察黄河工程，巡视运河和漕运；体察民情、检察吏治

目的
促进生产，安抚人心；巩固政权，缓和矛盾

决意南巡

无论是在过去的官修史书、民间故事上，还是在如今的武侠小说、影视作品中，康熙帝亲政后的六次南巡事迹都是浓墨重彩的一笔。实际上，在他做出南巡决定时，清朝国内外的时局并不稳定。三

清·王翚、杨晋·《康熙南巡图》卷一（局部）·皇帝出巡
描绘康熙从京师出发的情景。车驾从北京外城的永定门出发，护城河岸边站着前来送行的文武官员。康熙帝坐在一匹白马上，由骑丛护送着行进在最中间，整个队伍前呼后拥，浩浩荡荡，越过石桥，抵近南苑。路边仪仗鲜明整齐，一直排列到南苑行宫门口。此画现藏于北京故宫博物院。

藩割据西南，准噶尔图谋西北，东北俄国虎视眈眈，郑氏政权盘踞台湾，而最令他头疼的还要属各地严重的水患灾难。尤其是黄河变化无常，从康熙元年到康熙十六年（1662年—1677年），黄河决口就多达67次，滔滔河水瞬间淹没良田瓦房，百姓为此是苦不堪言。因此，当清政府收服台湾郑氏集团后就全力投入河务的治理中。

康熙十六年（1677年），康熙帝任靳辅为河道总督，适时靳辅建议修筑洪泽湖东的高堰大坝，以此疏通黄河上下游淤塞的泥土，并堵住洪泽湖与黄河沿岸的决口，让黄河位归原处。几年后，由于治河一事十分冗杂，其他大臣与靳辅的意见开始存有分歧，康熙帝认为此事事关重大，便决定亲自到河务现场巡查情况。

河务之治

康熙二十三年（1684年）十月，康熙帝首次南巡，经过高家堰、武家

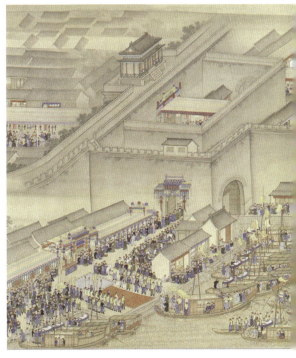

清·王翚、杨晋·《康熙南巡图》卷七（局部）·江南无锡至苏州

画面是从无锡惠山、锡山、秦园（寄畅园）、黄婆墩等地开始的，经无锡县城往东直抵苏州浒墅关，经苏州文昌阁、射渎、枫桥、寒山寺后沿着苏州七里山塘街到吴中第一名胜苏州虎丘。接下来是繁忙的运河，一直往东可见沿途建筑逐渐密集，直到一座两重瓮城的规模宏大的城门阊门，在这个繁华的商业街区内，商贾辐辏、百货骈阗。城墙之下，大臣们恭敬地跪在两旁，严阵以待的皇家侍卫说明了康熙帝将要驻跸苏州。继续往东，再见苏州城内的市井繁华和充满江南特色的河道、桥梁。康熙帝的行宫苏州织造府为画幅的最后。此画现藏于加拿大阿尔伯特大学。

墩、洪泽湖等地，亲自询问当地河工与百姓，询问靳辅工程对河水的治理情况。南巡结束后，康熙帝回到北京，将自己在南巡途中的经历都记录到了《南巡笔记》中。康熙二十八年（1689年），康熙帝二下南巡视察河务，肯定

了靳辅的治水之功，并在南巡结束后诏集天下名工绘制出了巨幅手卷——《康熙南巡图》。

在随后的十年间，康熙帝忙着西征准噶尔分身无暇，而清朝自靳辅去世后，历任河督都十分不称职，致使水患

清·王翚、杨晋·《康熙南巡图》卷九（局部）·蒙阴县
蒙阴县位于山东东南部，康熙南巡三次皆驻跸蒙阴，乾隆南巡时曾两次驻跸蒙阴。

清·王翚、杨晋·《康熙南巡图》卷九（局部）·人马过钱塘江
此图描绘了康熙帝一行人从浙江杭州出发，渡钱江塘，经萧山县，抵达绍兴府大禹陵的场景。风平浪静的钱塘江上，康熙帝乘坐的大龙舟在许多小船的簇拥下，驶抵对岸。快到达时，随行的物品已或由牛车拉往崖边，或由民夫肩扛人搬，大量马匹由专人负责上岸。钱塘江前行为西关城门，关里小镇上人来人往，行旅不断，一条河通过萧山县水门穿城而过。城内街市整齐，热闹异常，城外河中舟船，岸上农商。过柯桥镇，渐达绍兴府，进入眼帘的街市、古塔、校场、府山、望越亭、镇东阁等繁华城市。出绍兴府，过田垄阡陌无数，即到大禹庙和大禹陵，康熙帝站于华盖下，周围侍卫戒备森严，百官民众跪迎。此画现藏于北京故宫博物院。

日益严重。于是，康熙三十八年（1699年），康熙帝第三次南巡，亲察水患情况，并利用洋人的水平仪测量水位，钻研治水的办法。他发现洪泽湖之所以河水漫溢，是因为水位较高的黄河水倒灌进入洪泽湖中所致，便下旨依照靳辅以前的建议重筑堤坝，并沿用疏浚之法疏通黄河河道。他甚至亲自坐镇监督工程，治水的工程因此进展得非常顺利，很快就有了成效。此后，康熙帝又三次南下巡视，他主要走水路运河，乘船南

下，途经直隶（今河北）、山东，最远到过浙江的绍兴，每次都会询问当地河工关于河务的详细情况。

在视察治水的过程中，清朝国内外政局也日渐趋于稳定，康熙帝便开始逐渐将重心转移到关心民生、考察吏治、任贤举能等这些方面。虽然南巡一路上也趁机饱览了秀丽的江山美景，但在这位以国事为重的明君心里，游历过程中体察到民间情况与百姓疾苦才是第一位的。当他发现自己亲眼所见的民生与奏折上所写的大相径庭时，他的心也随之越来越沉重。

康熙帝出行以俭朴为主，不喜铺张，也少建行宫，几乎都是住在当地官员的府上。在途中也不忘国事，带着奏章随行，每日批阅。有时候奏章因路途遥远，直到三更半夜才送到，康熙帝也会立即起床将其批阅完。

康熙帝一直担心自己的南巡会给当地百姓增添负担，便将置办南巡所需物品的事情交给专门的官员负责。官员购置时必须依照实价，绝不允许出现强买扰民等现象。为了让百姓安心，康熙帝出行所带的随从不会超过300人，每经过一个地方都要张贴告示，避免官员迁移百姓。就连康熙四十四年（1705年），康熙帝驻跸在苏州府城内，当地官员百姓为他庆贺生日、进献珍宝都被他婉言谢绝了。

笼络江南

除了水患，清政府与江南地区的百姓和士子之间存在的矛盾也是一个令人头疼的问题。清朝入主中原时，曾为了让汉民臣服而采取了一系列"剃发易服""嘉定三屠""扬州十日"等高压政策。这些政策非但没有令汉民臣服，

清·王翚、杨晋·《康熙南巡图》卷十（局部）·江宁府秦淮河
卷十描绘了康熙帝一行人从浙江北返，过江苏句容至江宁府（今南京）的情景。画面从句容县展开，过大平庄秣陵关至江宁通济门，一派江南农村的湖光山色。从通济门起，皇帝要经过的主要街道上均搭起了长达数十里的彩棚。蜿蜒的秦淮河穿过繁华的江宁之地，街道和房屋鳞次栉比，人们各司其职，各忙其事。校场之上，康熙帝端坐在看台上，观看阅兵。鸡鸣山、钟山、观星台，画面在后湖结束。此画现藏于北京故宫博物院。

反而激起了江南百姓与士子长达二十多年的激烈反抗。甚至当这些反抗被清政府镇压后,民心也依然不肯归顺。

于是,康熙帝为了争取江南士子,缓解满汉之间的矛盾,便在南巡的途中祭拜禹陵、孔庙、明太祖陵,甚至行了三跪九叩的大礼,并允许当地百姓前来观礼。他还为明孝陵亲自题写了"治隆唐宋"的四字碑文,不仅显示了自己对汉文化的尊重,也昭示自己是儒家传统文化的继承人。康熙帝这样的做法取得了极佳的效果,颇受文人士子的称赞。

在第二次南巡途中,康熙帝先后蠲除江南全省一年的地丁钱粮、米麦等杂税,增加江南入学名额以及在府学中大、中、小各增5个名额。第五次南巡时,康熙帝下旨,凡擅长书法者,如果

愿意到宫内任职抄写公文,可以参加考试,一经录取后他便亲自接见,并赐予《孝经》。康熙帝的一系列做法在收揽民心、笼络江南士子上起到了极大的成效。

渐渐地满汉之间的矛盾也得到了缓解,有些汉臣甚至还跻身于清政府集团的政权核心。

清·王翚、杨晋·《康熙南巡图》卷三
此卷描绘了康熙帝南巡至山东境内的情景。在绵延的丘陵地带中,巍峨的济南府城池出现在众山环抱之中。康熙帝在众多随从的陪同下,站在城墙上视阅四方,从大开的城门中,南巡的先行骑兵正缓慢出发,行进在绵延的山丘之间,队伍逶迤在山势雄伟、草木葱茏的画面中。伴随着大队人马的翻山过河,穿村越户,映入眼帘的群山逐渐高耸、险峻,随后泰安州和泰山显现,在险峻的泰山之上,康熙帝率扈从诸臣恭敬致礼。泰山之后,山势略趋平缓,画面在祥和平静的蒙阴县止。此画现藏于美国纽约大都会艺术博物馆。

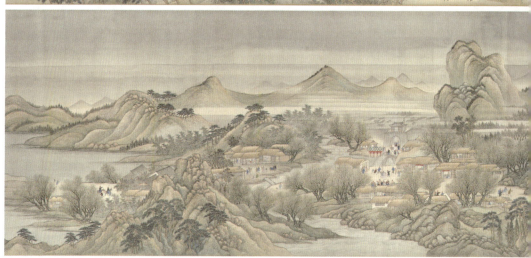

清

1677年

靳辅，字紫垣，汉军镶黄旗人。……十年，授安徽巡抚。疏请行沟田法，以十亩为一畦，二十畦为一沟。沟土累为道，道高沟低，涝则泄水，旱以灌田。

——《清史稿·卷二百七十九·列传六十六》

靳辅治黄河

黄河泛滥，奸吏当道。有清正廉明之臣挺身而出，三河兼治，治管并重，虽然功不在一时，但却福泽千秋万代。然而这位因治河而名垂青史的功臣，最终却也因治河而被构陷罢黜。

主要职务
河道总督

主要成就
治理安徽、从平三藩、治理黄河

治河八疏
一、疏下游河道；
二、治上游淤塞；
三、高筑河堤；
四、堵塞黄淮决口；
五、深挑运河，以通漕运；
六、筹划钱粮；
七、整顿河务；
八、巡河守堤。

治水争论
崔维雅：主张顺水之性，疏导与筑堤并举；
于成龙：主张疏浚海口以泄积水。

生前著作
《治河方略》

靳辅（1633年—1692年），字紫垣，汉军镶黄旗人。他自幼知书识礼，9岁丧母，16岁出仕为笔帖式（中低级文书官员），两年后进入翰林院为编修，其后担任过内阁中书、兵部员外郎、武英殿学士兼礼部侍郎、安徽巡抚等职务。

康熙十六年（1677年）三月，靳辅从安徽巡抚任上被提升为河道总督。从他赴任的那一刻开始，直到他60岁病逝的这15年间，一直致力于治河之事。他为人诚恳，懂得知人善任、虚心请教，即使陈潢只是他的僚属，他也会虚心向陈潢垂询、请教治河之事。

靳辅就任之时，正是黄河、淮河水灾严重泛滥之时，致使江南的漕粮很难运输到北京。运河一事关系到国家的漕运，关系到清政府统治的命脉。靳辅遂立即令人修筑堤坝，并加固了在淮阴以西地区沿淮河与洪泽湖一带的若干河堤、河坝。如此一来既能避免溃堤的发生，又能限制河流向前流动，增强冲刷河底淤泥的能力。同时，靳辅又在黄河北岸开辟了一条长约180里的新运河，以解决黄河夺路致使朝廷漕运被中断的问题。

接着靳辅又防患于未然，在淮阴至江都（属扬州)沿运河的各县都修筑了数座"减水坝",如此一来既能防止改道运河的黄河之水溃决运河大堤、冲毁农田房屋,又能方便百姓浇灌运河附近的农田。

就在靳辅的治河逐步取得功效之时,因黄河不断决口而引发的一场朝堂大讨论爆发了。最终崔维雅提出的取消靳辅建减水坝的方法,用顺水之性疏导与筑堤并举的方案被康熙否决,靳辅按原计划督修,并取得成功,官复原职。

至康熙二十二年(1683年)以前,靳辅基本解决了黄河、淮河复归故道的问题。康熙二十七年(1688年)后,已经进入晚年的靳辅又因先后遭到江南道御史郭琇、给事中刘楷、御史陆祖修等人的弹劾,最终被康熙帝免去了河道总督的职务,其得力僚属陈潢也因"屯田扰民"之罪被撤职查办,最后死于入京的途中。

四年后康熙帝又再度起用靳辅,尽管适时靳辅已年老体衰,却仍决心为治河贡献一切智慧和力量,亲自参与督运,在得到康熙帝的嘉奖后又为已故的陈潢请求恢复职衔。

直到康熙三十一年(1692年),这位将后半生都奉献给了治河,并做出了巨大贡献的治河专家在其任所逝世,享年60岁。

清·佚名·康熙黄河督运图·奉旨荣任图
《督运图》类大型绘画长卷题材在清代非常流行,此图记录清朝康熙年间黄河漕运经济、商贸及民俗盛况的画作,风格写实细腻,极富生活气息。首段描绘了黄河河道之上,漕船扬帆,纤夫奋力拉纤。岸上官员张灯结彩欢迎即将到任的漕运总督。第二卷描绘了漕运总督奉旨荣任的场景,其中官阶排列、官服形制、官吏分派任务、分发标记等,不但真实地记载了当时官场从服装、轿舆、坐骑的严格等级,还看到了当时的交通工具状况。

历史上的黄河之治

在中国漫长的历史长河中,"黄河三年两决口,百年一次大改道",因此治理黄河、兴修水利一直都是历朝历代的一大难题。关于黄河的治理早从神话"大禹治水"就开始了。当时鲧奉帝尧的命令治理洪水水患,他采取障水法,在岸边设置河堤,结果却使洪水越涨越高。禹采取疏通法,终平水患。

此后,每朝都涌现出了一些优秀的治河专家,如东汉王景治河(修高堤坝,修整分洪道);元代贾鲁治河(疏南道、塞北道并举,使黄河改流经南故道);明代潘季驯治河(巩固堤坝,缩窄河道,加快水速以冲走河沙,修筑分洪区);清代靳辅与陈潢的治河(大体沿袭潘季驯的方法,统一浚淤和筑堤,提出减少下行泥沙)。

▲ **华夏水利先贤王景雕像**

王景(约30年—85年),字仲通,乐浪郡诌邯(今朝鲜平壤西北)人。东汉时期著名的水利工程专家。年少时学习《周易》并博览群书,特别喜欢天文数术。汉明帝年间与王吴一起疏浚浚仪渠成功,永平十二年(69年)王景又受命主持大修水运交通命脉汴渠和黄河堤防,功效卓著。

▲ **元·陶宗仪·黄河源图**

此为中国现存最早的黄河河源图,出自元代陶宗仪的《南村辍耕录》,据女真人都实之图摹绘。该图上南下北,左东右西,绘有山脉、河流、湖泊等自然地理要素,标注有州府名称及交通线路上的驿站等人文地理要素,图中河流用双线描绘,山脉用形象画法表示。此图现藏于中国国家图书馆。

清时由王翚、杨晋所绘《康熙帝南巡图》中治理黄河场景

▲ 明·潘季驯·《河防一览图》石拓本

明潘季驯编绘，据明万历十九年（1591年）所立的石拓本，此图是《河防一览图》的重要版本，详细绘制了明万历年间河南、山东、南直隶修筑堤防的情况，并附图说。全图以黄河为主，绘出了自发源地星宿海至入海口的整个河道，并将京杭大运河与黄河并列绘于同一图中，是中国现藏最大的一幅古代治黄工程图。

▼ 清康熙·黄河图（局部）

此图描绘了清康熙中期黄河下游河道，由河道总督靳辅、画家周洽等编绘而成。全图上北下南，左西右东，采用鸟瞰图绘制技法，卷首起自黄河入海口，卷尾至龙门、潼关。河流绘以双线，黄河涂赭黄色，其他河流用青黄色；堤坝用宽粗线条，其他建筑、城邑、寺庙、山脉、名胜等均用形象绘法。图中黄河下游的河道、运河及其他河流的位置关系描绘详尽、清晰、准确，是一幅典型、精美的黄河水道水利图。此图现藏于中国台北"故宫博物院"。

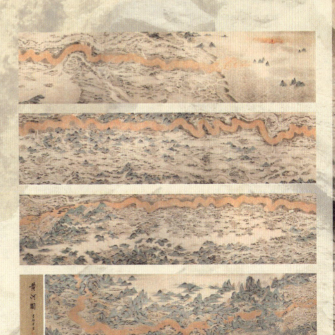

> 清朝时期

春搜、夏苗、秋狝、冬狩，皆于农隙以讲事也。

——《左传·隐公五年》

木兰秋狝

在不理解的臣子眼里，它是一种玩物丧志、罔弛营务的娱乐；在深谋远见的帝王眼里，它是整饬戎兵，怀柔属国的大好时机。但随着时代的推进，环境在改变，也最终躲不过废止的命运，尘封于历史的洪流中。

名字由来

"木兰"满语意为捕鹿，通常在秋季进行，故称木兰秋狝

举行时间

每年的七、八月间

狩猎地点

清代皇家猎苑木兰围场

举行意义

演练骑射，巡视习武；
定期接见蒙古各部的王公贵族，加强巩固满蒙关系与对蒙古三大部的管理；
八旗官兵通过围猎活动既习骑射，又习劳苦，杜绝骄奢颓废的恶习

其他景点

承德避暑山庄

清·郎世宁·弘历哨鹿图

此图描绘了清乾隆帝（队伍最前骑白马者）及其侍从人员骑马盘山绕道，缓步返回营地的情景。哨鹿是清代宫廷的一种狩猎活动，由人戴上鹿头并模仿鹿的鸣叫声，以引诱鹿群，待鹿群闻声而到时，猎者以弓箭、火枪射杀。

起源

木兰，本为满语，用汉语翻译即"鹿哨子""哨鹿围"的意思。秋狝则是中国古代早有的习俗，是秋天打猎的意思。清代的木兰秋狝起源于满族固有的狩猎习惯与维护清朝统一的需要所形成的一项传统的国家大典，其真正含义是到木兰围场行猎讲武。

康熙十六年（1677年），三藩之乱初平定后，

清·郎世宁·乾隆皇帝射猎图
清朝自建立起一直把"满洲根本""先正遗风"的骑射、尚武之风奉为正本,为了表示不忘其风,乾隆帝谕令宫廷西洋画师郎世宁以及中国宫廷画家创作了数十幅专门表现他行围狩猎场景的画作,此图便是其中之一。画面上,乾隆帝及近亲王公大臣正在追捕野兔,飞驰的瞬间、狂奔的猎物均表现得栩栩如生。

康熙帝巡视长城,首次在内蒙古接受科尔沁等部王公贝勒的朝见。四年后,康熙再次来到内蒙古巡幸,喀喇沁、翁牛特藩王便献地"肇开灵囿"之说,建议"酌设围场"。于是康熙帝便在河北东北部(现河北承德围场满族蒙古族自治县)开辟了1万多平方千米的木兰围场,毗邻蒙古草原。

自此以后,康熙帝便从康熙二十二年(1683年)起,几乎每年都要到木兰围场行围。到了康熙四十二年(1703年),康熙帝下令在承德修建避暑行宫,并于四十七年(1708年)落成。乾隆帝即位后,对行宫又进行了大规模的修缮与扩建,举世闻名的"避暑山庄"和热河行宫便由此而来。自乾隆六年(1741年)起便每隔一年去一次行宫和围场,到了乾隆十六年(1751年)以后就改为每年去一次。

有清一代举行的木兰秋狝是一个从简到繁的过程,到康乾时期,木兰秋狝得到了更大的发展。尤其是热河避暑山庄建立后,清代皇帝将其作为第二个都城,木兰秋狝的行程也就由北京出古北口到热河,全中秋后再到围场,以此渐渐固定为成例。因此康乾时期的木兰秋狝较以往而言更为频繁、更有组织、更为固定和有目的。它需要遵循一定的章程,其形式也就更加隆重,更加制度化了。同时,木兰秋狝也不仅仅是局限于到木兰围场行猎讲武,它还包含皇帝

清·郎世宁、金昆等·《木兰图》卷一（局部）·下营

描绘了从皇帝后妃至官兵士卒的众多营帐，营帐之间人员和马匹安息的准备工作正有条不紊地进行。

到避暑山庄或附近巡幸集会、处理政务、消遣游乐等多种内容。

盛行

通常，木兰秋狝多在每年的七、八月举行。如果是哨鹿，则在每年白露之后（或秋分前后）出猎，以模仿鹿的鸣叫声来引诱鹿群。木兰秋狝举行之前各驻防长官会选派精于骑射的人赶往京城练习，分隶上三旗组成虎枪营，由总统、总领管辖。蒙古各部也会选出1250人作为"围墙（虞卒）"，以供参加合围之役。届时，皇帝会身着戎装乘骑出宫，由扈从引导如巡幸之仪。

作为秋狝的中心人物，皇帝在入围或出哨的当天日出前，先乘骑至看城中稍做休息，等两翼乌图里蓝纛到后再由诸大臣随同前往中军。在路程的前半段，行围速度的快慢都听从皇帝指挥，

这时二三十里之内的禽兽也都被围在皇帝附近，当他射中猎物后诸大臣立即欢欣称赞。如果遇到猛虎，则等皇帝看完毙虎之后再下令前行。接下来再到看城，便是诸王、射生手等驰逐余兽、大显身手的机会。狩猎结束后，皇帝返回大营（称散围），诸部各按队归营，等到傍晚时再将所猎赏给扈从诸人。

一次木兰秋狝的围期有二十天左右，遇上秋雨泥淖天气，或是其他原因就会中途停止，即"减围"。如果还没有开始出猎就取消了，则称为"停围"。

废止

关于举行木兰秋狝的目的，康熙帝曾说过："清军之所以能平定噶尔丹、策妄阿喇布坦，创下立功绝域的业绩，都是因为朕平时不忘武备，勤于训练所致。"此外，在木兰秋狝时接见蒙古四十八旗的领袖，加强巩固清政府对蒙古的统治也是他的目的。乾隆即位后，监察御史丛洞上奏请求"暂息行围，以颐养天和"，以免军将侍从以狩猎为乐，致使营务罔弛。对此，乾隆帝以"遵循祖制，习武练兵，整饬戎兵，怀柔蒙古，非驰骋畋猎之谓"驳回了丛洞的请求。

诚然，康熙、乾隆所要达到的目的都基本实现了。他们率领诸王、百官在塞北草原上跃马弯弓、追捕野兽，一来能一解心中的疲乏与愁闷；二来能考

《入崖口有作》诗碑

朝家重习武，灵囿成自天。
匪今而斯今，祖制垂奕年。
嶙岩围叠嶂，崖口为之关。
壁立众山断，伊水奔赴川。
秋狝常经过，每为迟吟鞬。
双峰开霁烟，一水流潺湲。
翠叶复黄葩，高低入影妍。
去年巡洛伊，伊亦有崖口。
三涂及七谷，较此夫何有！
一得考功诗，膻芗传至兹，
我为是崖叹，表章将待谁？

——清·乾隆

验文臣武将的能力；三来能习武训练，继承并弘扬满族一贯的英勇善战传统；四来则能加强和蒙古各部的关系，巩固统治。

然而自乾隆末年起，举行木兰秋狝的次数逐年递减，直到道光帝即位后，于第四年（1824年）宣布停止本年木兰秋狝，形同于废止。导致它衰落和废止的原因有很多，有群臣制止，有皇帝无心，也有天公不作美、围场遭到破坏、兽类树木日益减少的因素，但主要还是在于时代的发展，情况的变化，致使木兰秋狝在军事和政治上失去了重要意义。

最终，兴隆一时的木兰秋狝至此已经彻底废止。

清·郎世宁、金昆·《木兰图》卷四（局部）·合围
描绘了木兰哨鹿时千军万马围猎鹿群的宏大场面。

> **1690年—1697年**

三十五年，上亲征噶尔丹，命阿南达如喀尔喀诸部求习塞外途迳者二十人为导。……费扬古令阿南达等先击噶尔丹，伪败以致敌，至昭莫多，纵击败敌。

——《清史稿·列传六十八》

三征噶尔丹

历史赋予野心家的并不一定都是机会，当错误的初心碰上了雄才大略的坚毅时，注定的就是一场失败。在强盛的国力和各族人民的支持下，康熙不计"万乘之尊"与将士同甘共苦，最终稳定了边境，维护了祖国的统一，重挫了沙俄侵略者的贪婪野心。

原因
噶尔丹欲割据西北、统治蒙古各诸部；
沙俄欲借蒙古内部纷争扩张势力

地点
漠北

时间
1690年—1697年

参战方
清朝、准噶尔部噶尔丹

主要指挥官
清朝：康熙、福全、费扬古等
准噶尔：噶尔丹

结果
清军大胜，噶尔丹服毒自杀

主要战役
乌兰布通之战、昭莫多之战

政治影响
清朝重新控制阿尔泰山以东的漠北蒙古；
沙俄分裂蒙古地区阴谋失败

一战乌兰布通

清初，居住在我国西北方的蒙古族分为漠南蒙古、漠北喀尔喀蒙古以及漠西厄鲁特蒙古（明初称瓦剌）三个部落。它们均归服清朝，定时朝贡。其中，厄鲁特蒙古分为准噶尔、和硕特、杜尔伯特、土尔扈特四大部。

噶尔丹是准噶尔部落首领的第六个儿子，为人勇猛好战，从年轻时便是准噶尔政坛的风云人物。接替父亲之位、成为准噶尔的统治者后，噶尔丹便不断扩张势力，攻掠邻部，很快跃居四部总汗。当时，沙俄势力欲通过蒙古内部纷战扩大自己的势力，故与噶尔丹暗中勾结。噶尔丹正因为沙俄的支持，分裂割

噶尔丹像
噶尔丹（1644年—1697年），绰罗斯氏，是17世纪厄鲁特蒙古（卫拉特）准噶尔部首领。以数十年戎马生涯，东征西伐，战绩显赫，使准噶尔汗国成为17世纪下半叶的一支强大力量。

据的野心日益膨胀。

康熙二十六年（1687年），噶尔丹率领三万大军入侵喀尔喀蒙古。此举主要有两个目的，一是给沙俄解围，二是要向清朝宣战。喀尔喀蒙古连连败退，向清廷求救。于是，康熙安排尚书阿尔尼处置，并对沙俄和噶尔丹提出了警告。

康熙二十九年（1690年），噶尔丹以追击喀尔喀为借口，率兵沿大兴安岭西麓南下。清廷马上派出理藩院尚书阿喇尼应战，却在乌尔会河失利。准噶尔军一鼓作气，攻至乌珠穆沁。康熙遂发兵10万，采取分进合击策略，御驾亲征噶尔丹。他封裕亲王福全为抚远大将军，率左路人马从古北口出兵。封恭亲王常宁为安北大将军，率右路人马从喜峰口出击。同时，更发号施令：驻守于盛京、吉林的将军同时出兵西进，从而协同主力作战。

康熙皇帝则亲自屯兵博洛和屯，为左右队伍督军。但是，右队常宁进入乌珠穆沁之后，因为天气恶劣，致使粮草供应不足，一路败退。噶尔丹则长驱直入，渡过沙拉木伦河，攻到乌兰布通。此时福全的队伍就在沙拉木伦河北面，康熙立刻下令，让福全阻挡噶尔丹。但噶尔丹准备充分，将一万多只骆驼全部脚连脚地拴在一起，在骆驼背上加了箱笼，并盖上湿毛毡，形成了一道不可逾越的骆驼墙，以抵御清军进攻。

福全出兵不利，意欲后退。康熙只能重新部署，调集火枪、火炮轰击骆

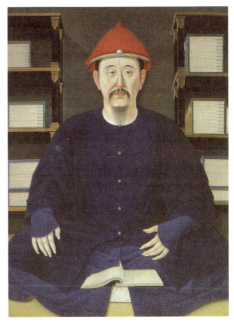

康熙读书像
图中康熙帝盘腿端坐，凝神静思，身后书盈满架，排放齐整。康熙帝是历史上最勤奋好学的皇帝之一，广泛的涉猎造就了他宏大的格局和远见卓识。

驼墙。同时，他命康亲王杰书屯兵于化城，当噶尔丹后退时，正好截其归路。

清军与噶尔丹大军交战整整一天，准军伤亡万人。噶尔丹眼见兵力不敌，便马上派人言和。康熙知是噶尔丹的缓兵之计，命令"速进兵，毋堕贼计"。可这时已经晚了，噶尔丹并不等待清朝的回应，早带着自己的残兵败将逃回漠北。

二战昭莫多

康熙为了防止噶尔丹再次滋事，于三十三年（1694年），召其前来会盟。没想到，噶尔丹早已经派人向沙俄

求援,并得到沙皇允诺"助鸟枪手一千及车装大炮"的支持。

这让噶尔丹更加有恃无恐,不但拒不会盟,还将清使臣杀死。

至此,康熙生出诱其南下,一举歼灭的想法。于是,康熙密令科尔沁土谢图亲王以及其他人,假义归顺噶尔丹,并且与他"约好",会做他夹击清军的内应。

噶尔丹不知是计,果然马上率3万人马出兵,结果被清军几乎全部歼灭。

但至此噶尔丹仍无悔意。康熙于三十五年(1696年),再发10万人马,兵分三路,第二次亲征噶尔丹。

一队派黑龙江第一任将军萨布素由黑龙江东侧出兵,迎击噶尔丹;一队由议政大臣、安北将军费扬古、振开将军孙思克从甘肃西边进攻,截断噶尔丹的退路;康熙自己则带一队人马,从独石口出发。

行至中途时,有消息报告,沙俄出兵相助噶尔丹。大学士伊桑阿力劝康熙自保,应及时回驾。但康熙并没听从,说:"我亲征噶尔丹,还没看到他的影子,但返回去,岂不是让天下人笑话?而且我们一退,噶尔丹必定全队袭击西路人马,西路不就更危险了吗?"

所以,康熙不仅未退兵,还亲自下战图,指挥人马渡过克鲁伦河,一路杀向噶尔丹。

噶尔丹深知敌不过清军,连夜带着人马向后撤退。康熙急命费扬古于前方设伏,以截阻噶尔丹的队伍。费扬古遣一队人马伏于山上,一路人马守在土拉河西面,骑兵则藏在树林中,形成居高临下、三面包围的态势。五月三十日,准军刚刚来到昭莫多,孙思克便带400人出击,然后佯装失败,一路引准军进入埋伏圈。

面对三面夹攻,噶尔丹完全来不

康熙遗诏

《康熙遗诏》一式四份,分别藏于台北"故宫博物院"、中国第一历史档案馆和辽宁省档案馆。内容分别用汉、满文书写。此份现藏于中国第一历史档案馆。遗诏中明白写着传位于雍亲王皇四子胤禛。

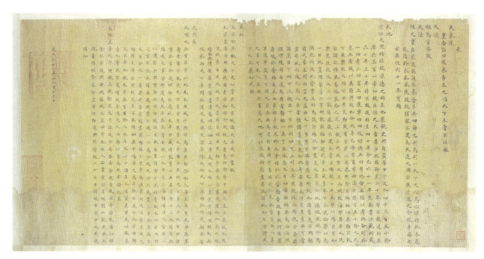

及反抗,瞬时被清军杀了个人仰马翻。最后,他只带着十几个骑兵,杀出重围。如此一来,他的人马在昭莫多几乎全军覆没。

清·佚名·北征督运图册
绢本设色,现藏中国国家博物馆。绘于清康熙三十六年(1697年)秋末,描绘的是康熙年间清军在平定准噶尔部首领噶尔丹叛乱时,西路大军洪承烈向喀尔喀蒙古克鲁伦河和翁金河前线,两次给平叛大军运输军粮的情景。

三战决胜噶尔丹

噶尔丹经昭莫多一战后狼狈异常,由于伊犁老巢已经被侄儿策妄阿拉布坦所占,便四处流窜,无处安身。康熙悯其境地,希望他能悔过自新,特命理藩院自独石口至宁夏设驿馆,召其归顺,却遭到了拒绝。于是,康熙于三十六年(1697年),再次下诏率兵亲征噶尔丹。

这时,噶尔丹身边只剩下五六百人。开始,噶尔丹想要通过自己的亲随以及家人筹集一队人马,可是,当他带人回到伊犁向侄子要求借兵时,策妄阿拉布坦避而不见。连那些噶尔丹昔日的亲随也都纷纷倒戈,有的甚至一听说清军来,便借机投降,甘愿为清军做向导,以捉拿噶尔丹。眼看着康熙的人马大兵压境,自己却只剩下众叛亲离,四面楚歌,噶尔丹彻底崩溃,他在自己的营中服下毒药自杀身亡。

康熙三征噶尔丹,历时8年,最终粉碎了噶尔丹的分裂梦想,使清朝重新掌控了阿尔泰山以东的漠北蒙古,并从准噶尔人手中夺回了西藏的统治权。

不过,康熙并没有为难那些贵族,为他们分别进行封官加爵,准噶尔地区也由噶尔丹的侄子策妄阿拉布坦接管,并保持贵族联姻做法及宽大政策笼络准噶尔部落。这种安抚与笼络,保证了准噶尔与清朝的密切关系。同时,康熙也安置了将军留守,以统辖这一区域的稳定。

剿灭噶尔丹大捷

残寇疲癃逭,横冲节制兵。
我师乘锐气,谁许马馀生。
貔虎三军合,鲸鲵一战平。
愧称谋画定,讨罪荷天成。
——清·康熙

1723年—1735年

军国大计,罔不总揽。自雍正后百八十年,威命所寄,不于内阁而于军机处。

——《清史稿·军机大臣年表序》

雍正帝改革

为清洗朝堂贪污腐败之风,他内肃权贵,不避亲疏;外立纲常,赫如烈日。作为中国历史上少见的勤勉之帝,在短短的13年为政时期,他伴着流言经历了一次又一次的风雨。依附于他的才华,清朝的盛世才有了坚实的基础。

目的
针对康熙年间的吏治与财政情况,以及腐朽的社会风气进行改革

行政改革
秘密立储、密折制度、设立军机处

经济改革
清查亏空、耗羡归公、摊丁入地

民族政策
改土归流、废除贱籍

改革意义
解决了康熙晚年"吏治腐败、国库空缺"等严重问题;
为大清国"民富国强"打下坚实的根基

成功的原因
实行前经过深谋熟虑,广泛征求臣子意见;
决策果断正确,执行雷厉风行

吏治整顿

康熙晚年,由于吏治不严,朝中贪污腐败的社会风气日益严重。雍正帝即位后便首先将矛头直指朝堂,大刀阔斧地整顿吏治。

康熙帝先后下达了11道圣旨,严厉告诫朝中各级官员"不许虚名冒饷、侵渔贪婪;不许受贿敛财,戕害他人;不许多方勒索,病官病民;不许栽赃枉法,仗势欺人"等,"如有发现者,一律严惩不贷"。随后,雍正帝于雍正元年(1723年)二月下旨缉查各地亏空钱粮的官员,罢黜追赃,所追回的财物尽数纳入国库,为民所用。同年三月,雍正帝为避免官员纵容下属幕客贪赃勒索,欺压百姓,责令各省督抚将所有幕客姓名上报至官府,并在随后设立会考府,以整顿收支情况。

经过这一场清洗与整顿，包括三品以上，共计有数百名各级官吏被撤职抄家，但朝中的吏治清明了不少。在任的官员开始奉公守法，各司其职，百姓的负担也减轻了很多。

摊丁入亩

清朝入关后便沿用明朝的税收制度，设有人头税（丁银，按家庭或家丁数量征收）和土地税（天赋，按拥有土地数量征收），这样一来有田的农民就要缴纳两份税款，没有田或者地少的贫苦农民就会因为不堪负荷而举家搬迁，而那些有田又有钱的富贵人家则贿赂官吏以躲避税务，以至清初时期社会不稳，百姓贫富差距较大。

早在康熙时期就曾有官员提出改革的办法，但康熙帝并未批准，因而雍正帝即位后也同样要面临这个棘手的难题。这时，山东巡抚黄炳见百姓逃亡的情况日益严重，便向雍正帝上奏，提出"摊丁入亩"的倡议，随后不久直隶巡抚李维钧也提出了附议，雍正帝经过一系列考量后令李维钧详细列出"对国课无损，于穷黎有益"的具体实施办法。于是李维钧奉命开始筹划，准备让各地方县官负责丈量土地，将各家

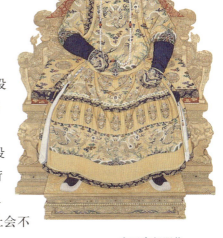

雍正帝朝服像

爱新觉罗·胤禛（1678年—1735年），即清世宗，康熙帝第四子，在位期间重整机构并且对吏治做了一系列改革，他的一系列社会改革对于康乾盛世的连续具有关键性作用。

清·郎世宁·雍正帝祭先农坛图（上卷）
此卷是描绘清朝皇帝祭祀先农神活动的纪实绘画作品。该图共有上下两卷，但是现在已然散失，上卷现存北京故宫博物院，下卷则收藏于法国巴黎的吉美博物馆。在松林的御道之中，侍卫们环列成半圆形，肩扛旌旗、身佩腰刀，簇拥着在前面缓缓行走的雍正皇帝。祭坛之下，文武官员们静静地等待着皇帝的到来。

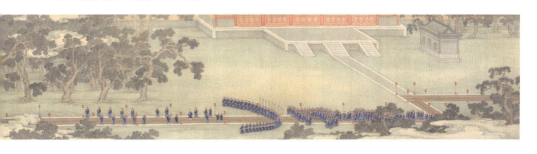

各户拥有的土地数量记录成册，然后取消人头税，将地亩分为三等，丁银按地亩等级摊入。这样一来每年秋后收税的时候就按照册子上记载的土地数量征收税额，没有土地的人则可以免交，百姓的负担也就大大地减轻了。

同年十一月，雍正帝认为李维钧的筹划非常得当，办法也十分完善，便命黄炳向李维钧学习具体的实施办法。经过半年的商议讨论后，次年，"摊丁入亩"正式在全国施行。

这是中国财政赋税史上的一次重大革命，它既简化了税收的手续，也在一定程度上减轻了百姓的负担，进一步松弛了农民对封建国家的人身依附关系，在一定程度上促进了当时社会经济的发展。

改土归流

中国自元朝时期就开始实行土司制度，直到顺治、康熙年间，云南、贵州、四川等少数民族居住的地区也仍在沿用。久而久之，随着土司势力的逐渐壮大，其弊病也越来越严重。他们不仅不再安于服从中央政府的统治，还割据地势，施行暴政，挑起战争，侵扰汉民，对清政府的政权造成了极大的威胁。

清·黄花梨雕龙纹宝座
黄花梨，剑腿内翻马蹄。此座刀法精密，圆润浑厚，不露刀锋，龙纹栩栩如生，云纹舒卷生动，堪称精巧华丽的清代家具典范，是为凝聚帝王神思、巧匠妙艺之重宝。黄花梨因材质贵重、稀有，工艺精湛、特殊，备显珍贵。

因此，雍正帝为了解决这一大难题，便决定全面推行"改土归流"制度，即朝廷派遣流官取代当地世袭的土司，收回统治权。雍正四年（1726年），云贵总督鄂尔泰多次向雍正帝阐明"改土归流"的重要性，并奏请将四川东川的土司改为流官，设立府、厅、州、县以进行管理。雍正帝颇为赞同，当即让鄂尔泰办理此事。于是，清政府便开始在西南大力推行"改土归流"，遇到武装反抗则派兵平定。当地大量的土司被革职，由派遣的流官取代，当流官任期满了之后再返回朝廷另行分配。这样一来不仅能避免地方首领、官僚结党，解决土司制度所带来的弊病，又能减轻西南地区少数民族的负担，促进他们与中原地区的文化与经济的交流。

设立军机处

雍正年间,清政府发兵西北,为了确保军务的高效与机密,加强皇权的统治,雍正帝于雍正七年(1729年)下令,将皇宫内廷乾清门右侧的平房设立为军机房,用以"承旨书谕"。雍正十年(1732年),军机房更名为办理军机处(简称军机处),由军机大臣和军机章京组成。

军机大臣是由雍正帝亲自从宗室、大学士、六部尚书或侍郎等满汉亲贵中选出兼任的,军机章京则是由雍正帝亲自从内阁、翰林院及六部衙门中选出兼任的,其人数不定,多则十一二人,少则四五人。每天清晨,军机大臣和军机章京都要准时抵达军机处恭候皇帝召见,共同商议国政大事。他们只听从于皇帝的旨意,并可以"廷寄"的方式,即直接越过内阁、议政处,将奏折送到总督、巡抚的手中,达到又高效又保密的效果。此外,他们还能直接到各地了解当地的情形,并传达旨意或是将种种情形直接上报给皇帝。

因此,军机处的设立可以说是雍正帝即位后的首创之举,它已经完全取代了议政王大臣会议的地位,成为清朝最高的决策机构。并帮助皇帝统揽朝政大权,实行进一步的皇权专制。

密折制度

密折,即受皇帝指令的官员单独向皇帝密报,再由皇帝亲自批复发给上奏者的文书。事实上,早在康熙年间就已经有了密

廉亲王允禩像
爱新觉罗·胤禩(1681年—1726年),康熙帝第八子,自幼深受康熙喜爱,17岁的时候即被封为贝勒。因积极参与太子之位的争夺而失宠,后被雍正帝圈禁,改名为"阿其那"。

折制度，但在雍正即位后，密折制度才得到了进一步的完善，并逐步扩大至地方驻防将领、总督、提督、巡抚等军政负责人。

雍正帝为了更好地确保密折的机密，将特制的"折匣"与钥匙发放给这些指定的人，钥匙一人一把，旁人无法开启。这些地方官吏便能及时将地方的情况写在密折上，让其亲信或家人以最快的速度直接送到皇帝手中。待皇帝亲自批复后再密封交还。但如果这些人将皇帝的朱批密旨随意传看、转告，则会以泄露军机罪惩处。如此一来既能加增信息的安全可靠性，也能进一步加强皇权对中央及地方的监督。

贱民脱籍

所谓"贱民"，即指不属于士、农、工、商任何一阶层的人。贱民多以统治者的政敌与罪犯为主，雍正初年，贱民主要有山西与陕西的乐户、徽州的伴当、麻城和宁国的世仆、浙江惰民以及广东疍户等。其身份世代相传，不可变更，也不可参加科举考试、出仕为官，甚至就连与普通百姓通婚也不被允许。即使是在生活方面，他们也会处处受制，如靠捕鱼营生的广东疍户只能以船为家，不能到岸上居住。

雍正元年（1723年），监察御史年熙（年羹尧之子）向雍正帝上奏，提议革除明朝时期"压良为贱民"的弊政。雍正帝十分赞成，采纳他的建议，

先后下旨废除山西、陕西乐户的乐籍，令其得以改业为良民，随后废除浙江绍兴惰民的丐籍。雍正五年（1727年），雍正帝下旨允许广东一带的疍户能"与齐民一同编立甲户"。随后江西的棚

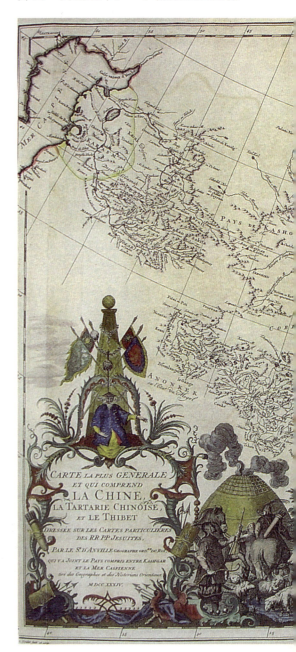

民、苏州一带的丐户也都得以脱离贱民。就这样，历经了一千多年的贱民制度终于被废除了，那些社会下层的劳动者得以摆脱歧视，像正常人一样生活。

清雍正时法版中国地图

清廷于1708年组织在华法国传教士进行了大规模的测量，以经纬为基础，测绘编成《皇舆全览图》。该图流入欧洲后，法国皇家地理官唐维尔于1737年将其出版，后经增补修订改名《中国新地图集》。内有彩印总图2幅，分省图15幅，边外25幅，计42幅。

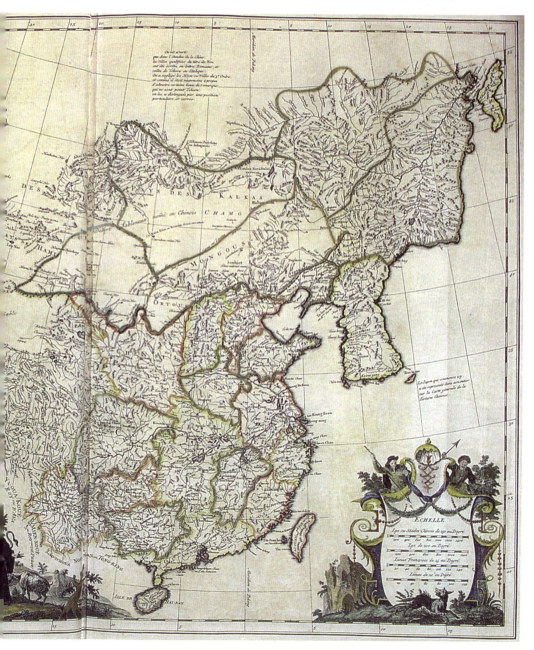

正月观灯 一管纤毫旧未呵，待题正月恰正歌。人生颇喜披袭冷，又被春灯过眼波。

二月踏青 万物将期草木溶，取来蘸取杏花中。嫌君图卷层峦少，不会遍山灼灼红。

三月赏桃 天地多情且复苏，寻青踏马意多徐。相逢就借君便，一咏一怀正当涂。

七月乞巧 年光欲看已青青，又度天孙河鼓星。我独爱君山藐汉，中原相望气何森。

八月赏月 壮月江潮久不平，何为驱扇画流萤。我来即是弄潮者，几个中年不靡声！

九月赏菊 天地才生颜色老，人间诗客倍春思。茱萸一插情在，坐久峰峦竟不归。

清·郎世宁·雍正十二月令圆明园行乐图
这是一组由清廷画家郎世宁所绘，表现雍正皇帝日常生活的作品，按春、夏、秋、冬四季十二个月的顺序来展示。画面以山水楼阁为主，建筑描绘细腻，其中既有中式园林建筑，又有西式亭台楼阁，更有中西合璧者，场景宏大，人物和建筑浑然一体，配合着珐琅彩瓷板的细腻和滋润，散发出庄重典雅的皇室气息。

月流觞 诗情新媚更诗余，伞褶裙总晏如。群卉亦知朝气，同人缓缓过长居。

五月竞舟 江阁登临颇欲胜，中都子弟冶游成。盛朝已附屈原老，竞看龙船载妓新。

六月纳凉 就人新暑似江南，半蒲烟光嫩不含。得便画舲听雨去，诗怀夜宿到吴山。

月画像 金风待振秋蝉咽，露樊笼都唱歇。谁种无声菊山，使之焕发于朝野。

十一月参禅 寻山老道韵颇如，笔致萧严待客诂。既在人间蛰守久，转承意兴竟全无。

腊月赏雪 格物十今乂一开，千门万户雪相埋。题词见冷心情下，已素婴孩何必猜。

圆明园是雍正做皇子时的封赐，他解释说"圆明园"的赐名大有深意："圆而入神，君子之时中；明而普照，达人之睿智也。" 雍正三年（1725年）八月圆明园兴修一新之后，雍正皇帝经常在园中居住并在此办理公务，他明谕百官"每日办理政事与宫中无异"。这十二幅行乐图展现了其在圆明园生活的各个场景，也表现了十二个月的不同节令风俗。

1726年—1735年

改土归流，将富强横暴者（指土司）渐次擒拿，懦弱昏者（亦指土司）渐次改置，纵使田赋兵刑，尽心料理，大端就绪。

——《改土归流疏》

改土归流

旧制不改乱朝，乱臣不除破国。长期的放任只会助长他人的气焰，旧的制度只会拖累强国的进步。因此，必要的时候应当拿出强劲的魄力，除旧布新，送往迎来。

针对地区
西南少数民族聚居地区

含义
废除原来统治少数民族的土司头目，改由朝廷中央政府派任的流官继任

始于朝代
明代中后期

经历时期
明朝、清朝雍正、乾隆时期

目的
将少数民族土司管理的方式，变成汉族式的官员管理方式；消除土司制度的落后性，加强清政府对西南地区少数民族的统治

改流意义
减少了土司的叛乱因素；
巩固了清政府对边疆的统治；
有利于少数民族地区社会经济的发展；
促进了中原地区与少数民族之间的经济与文化的交流

元朝时期，元政府在唐宋时期羁縻州县制的基础上设立了土司制度，给予各少数民族首领土官头衔，让他们帮助政府间接统治当地的居民。一来能达到"以土官治土民"的效果；二来能安定、安抚西南边疆少数民族。但随着土司制度的日渐发展，其弊病也日益增剧。许多土司割据土地为势，对当地居民施行暴政，为患边境。他们的所作所为已经严重地影响到了封建王朝的统一，明政府自然是忍无可忍，便开始酝酿实行改土归流。

所谓改土归流，即将土司制改为流官制，也就是废除统治少数民族原来的土司头目，在少数民族地区设立府、厅、州、县等机构，改由朝廷中央政府派任的流官（在少数民族集居地区所置地方官，非世袭制）继任，接管当地，并将当地少数民族土司管理的方式变更为汉族式的官员管理方式。但明朝时期的改土归流较为缓和，推行得并不彻底。到了清顺治、康熙年间，云南、贵州、四川等少数民族居住的地区也仍在沿用旧的土司制度。直到雍正即位后，在强盛的国力支持与强硬的改革决心下，改土归流才得到了大规模的推行。

雍正三年（1725年），云贵总督高其倬在长寨

地方仲家族村寨（今贵州贵阳府广顺州）建立营房时遭到了袭击。次年，时任云贵总督的鄂尔泰便多次上奏雍正帝，前面阐述了改土归流的重要性与必要性，并奏请乾隆帝全面推行。为了方便统一事权，他还要求调整云、贵、川等省边境的不合理的行政区划。雍正帝对此表示赞同，当即让鄂尔泰细心操办。

平定贵州长寨土司的叛乱后，清朝在当地设立长寨厅，其后将乌蒙、镇雄、东川（原隶属四川）三土府划入云南。在鄂尔泰的指挥下，清军先后平定乌蒙土知府禄万锺、镇雄土知府陇庆侯的叛乱，分别设立乌蒙府（今云南昭通）、镇雄州。随着云贵地区改土归流的全面实施，广西地区也受到了冲击。

雍正五年（1727年），泗城土知府岑映宸被罢黜，清军在其势力地区设置永丰州（今贵州贞丰布依族苗族自治县），归入贵州。次年，雍正帝擢升鄂尔泰为云、贵、广西三省总督，以便他统一筹划云贵广西的改土归流事务。其后贵州按察使张广泗奉旨在黔东南推行改土归流政策，那些与云贵广西相邻的湖北、四川等数省的土司因迫于清朝的威慑，纷纷都上交了土司印信与世袭领地。

清政府在推行改土归流的同时，对原有的土司也进行了不同的处理：自动交印者，酌情给予赏赐，可改任世职或现任武职；反抗违逆者，则财产充公，发配至六省（滇、黔、桂、川、湘、鄂）以外的内地省份，安排田方自行生活。此外，原有的土司的征收制度也被废除，实行按地亩征税，但数额通常少于内地。如此一来当地居民的负担与压力就减轻了不少。

但也有部分上层土司不甘失败，图谋复辟。如雍正十三年（1735年）春，贵州古州、台拱地区的苗族百姓受上层鼓动而爆发叛乱。他们深入丹江、黄平、凯里等厅州县，雍正帝派兵镇压，但未能奏效。直到乾隆元年（1736年），七省经略张广泗奉乾隆帝之命前去平乱，改土归流地区的统治才得以重新巩固。

鄂尔泰像
鄂尔泰（1677年—1745年），字西林，号毅庵，西林觉罗氏，满洲镶蓝旗人，世居汪钦，康熙己卯举人，世袭佐领，官至保和殿大学士，封一等襄勤伯，加太傅，谥文端，配享太庙。

土司制度的兴亡史

土司,是中国边疆的官职,自元代设置,封授给西北、西南地区的少数民族首领。而土司制度是由宋代"羁縻政策"的基础发展而来的,任命当地民族集团的酋长为地方长官,主要集中在云南、贵州、四川、湖南(含广西、湖北)为中心的中国西南部非汉民族地区,既能巩固中央的统治地位,又能在经济上维持原生产方式,满足征收纳贡。

● 元朝土司制度的兴起

由于少数民族在语言、生活习惯等习俗方面与汉族出入太大,直接统治难度不小。因此,元朝政府便在唐宋时期羁縻州县制的基础上设立了土司制度,对西南边疆少数民族采取安定、安抚的政策,授予各少数民族首领土官之职,利用当地民族集团的上层来间接统治、处理周边的民族问题,达到"以土官治土民"的效果。

土司是世袭的,还可以升迁,但是必须有中央政府的任命,受中央管辖。它在中央政府和地方少数民族之间能起到中介的作用,对于政府统治少数民族有很大的帮助。

彝族纳苏支系土司夫人服饰

● 明朝"改土归流"

湖北恩施土司城

在交通不便、民族文化差异巨大的情况下,元朝实行的土司制度曾经起到过一定的作用。但它的弊病也很多,如有的土司专横不法,对政府中央叛服不常,时常压迫、掠夺境内百姓,甚至各土司之间争权夺利,挑起战争,致使民不聊生。明中叶以后,中央政府便逐步推行"改土归流"制度,直接在少数民族地区设立府、厅、州、县等机构,调任有一定任期的流官(相对于世袭的土官而言)到当地进行直接管理。但推行的速度比较缓和,仅在当地土官绝嗣、相互仇杀、叛乱或犯罪革职等情况下，才改派流官接任。

◉ 清朝土司制度的"崩溃"

清初土司叛乱屡有发生，为了强化在西南少数民族地区的统治，清廷从雍正四年到雍正十三年（1726年—1735年）集中在这些地区实行大规模的"改土归流"。清政府在当地设立府县的同时又增添军事机构，并清查当地户口，丈量土地，征收赋税，建立城池，设立学校。与此同时，废除当地原有的土司的赋役制度，让百姓开始按地亩征税。

自清朝结束时，除极少数地区仍残存土司制度外，全国大部分地区已实现了流官充任。新中国成立后土司制度彻底废除。

木得像
纳西族首领阿甲阿得，木氏第一代土司。明洪武年间因归附有功，朱元璋赐姓"木"，让其世袭土官知府，拓守边城。

木钟像
木府最后一任土司，雍正元年（1723年）改土归流后，木府结束了在丽江的统治。

唐崖土司印

云南丽江古城木府家院
木府是云南丽江木氏土司衙门的俗称，历经元、明、清三代22世470年，所以木府是丽江地区政治、文化中心。木府景区占地46亩，中轴线长369米，整个建筑群坐西向东，是一座辉煌的建筑艺术之苑。木府在西南诸司中以"知诗书好礼守义"而著称。

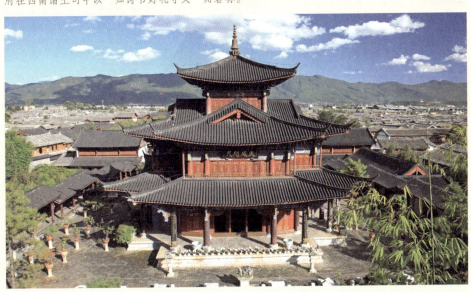

1726年

> 隆、年二人凭借权势，无复顾忌，罔作威福，即于覆灭，古圣所诫。

—— 《清史稿·列传八十二》

年羹尧自杀

赫赫战功锋芒露，高官显爵一身集。然而纵使位极人臣、宠命优渥，也不能无复顾忌，罔作威福，否则终将遭帝王忌惮，落得墙倒众人推，身死亲族灭的下场。

出身
进士

担任官职
四川总督、川陕总督、抚远大将军

爵位
一等公

人物成就
配合各军平定西藏乱事；
率军平息青海罗卜藏丹津

事件起因
年羹尧自恃功高，擅作威福，骄横跋扈；
结党营私，排斥异己，任用私人；
贪敛财富，侵蚀钱粮

结果
年羹尧被赐狱中自裁；
其父年遐龄与兄年希尧免官赦罪，诸子交其父管束；
其幕客坐斩，亲属披甲为奴

平步官场

年羹尧（1679年—1726年），字亮工，号双峰，安徽怀远人。他自幼好读，颇有才干，21岁中进士，授职翰林院检讨，后又受康熙帝赏识，破格升任四川巡抚，成为封疆大吏，而这时年羹尧还不到30岁。为了表达自己对圣恩的感激，年羹尧迅速了解四川通省的大概情形，针对形势提出许多兴利除弊的措施，同时拒收节礼，以绝徇庇，在朝中起到了带头表率的作用。康熙帝对此赞

年羹尧像
年羹尧（1679年—1726年），字亮工，号双峰，中国清朝名将。原籍凤阳府怀远县（今属安徽），后改隶汉军镶黄旗，清代康熙、雍正年间人，进士出身。曾配合各军平定西藏乱事，率清军平息青海罗卜藏丹津，立下赫赫战功。受雍正帝特殊宠遇，后因恃宠而骄，对皇权有所威胁，于雍正四年（1726年）被赐自尽。

赏有加，并勉力他固守根本，做一个好官。

年羹尧也没有辜负康熙帝的厚望。康熙五十六年（1717年），准噶尔部首领策妄阿拉布坦入侵西藏，四川提督康泰率兵出黄胜关（今四川省松潘县），结果却因军中哗变引军折返。年羹尧当即请旨，愿亲赴黄胜关协理军务，康熙帝应允，并派遣都统法喇率兵到四川助剿。次年，年羹尧因治事明敏被提升为四川总督，兼管巡抚事，统领军政和民事。其后又得定西将军印，在击败准噶尔部入侵西藏的战争中尽显其卓越才能。

康熙六十年（1721年），年羹尧奉旨进京觐见，康熙帝亲赐弓矢，擢升他为川陕总督，位列西陲的重臣要员。同年9月，青海郭罗克（今果洛藏族自治州）发生叛乱，年羹尧充分发挥其军事才能，一边派军与敌方正面交锋，一边利用当地部落土司之间的矛盾，采取"以番攻番"的策略迅速平乱。

第二年十一月，抚远大将军、贝子允禵应诏回京，年羹尧再次受封，与管理抚远大将军印务的延信共掌军务。

清·明黄实地纱地团龙纹黄马褂

纱质，前后、左右四开裾，对襟五组直扣，饰二龙戏珠团花。"明黄"就是"淡黄"，是当时帝王专用的颜色，最名贵的色彩。黄马褂是皇帝对有功之臣的一种赏赐之物，有明黄和金黄之分，是一种荣誉的标志。年羹尧因功也有雍正帝赐的一件黄马褂，可惜他被贬守城门时，仍穿着它招摇，最终落了个自尽的下场。

君臣知遇

康熙帝逝世后，新帝雍正对年羹尧更为倚重。他即位后不久便发出谕令："如果有需要调派兵将，

雍正帝给年羹尧的朱批奏折

左为原折，右为誊清修改版，似是原拟于朱批谕旨中刊印，不知何故，而被撤出。通过誊清版可知原朱批仅留第一句"览奏朕亦踊跃加倍矣"。除因年羹尧失宠，而斧削亲密嘉语，实是不宜出现此等戏谑不雅亲昵且有失君体之言于刊本之中。朱批谕旨较之雍正原批，失色不少。

年羹尧隶书

动用粮饷的地方,就让边防办饷大臣和川陕、云南督抚提镇等听从年羹尧的吩咐。"雍正帝不仅将年羹尧与自己的亲郎舅隆科多并称为自己的"左右臂膀",更是赐予他在抚远大将军延信和其他总督之上的权势与地位。

雍正元年(1723年)十月,青海发生罗卜藏丹津叛乱,年羹尧奉旨接任抚远大将军一职,前往西宁平叛。当年羹尧到西宁时,罗卜藏丹津得知他大军还未集结,便率兵奔赴西宁意欲偷袭。而年羹尧却带领数十人从容淡定地坐在城楼上,一场空城计骗得罗卜藏丹津率众退走,其后罗卜藏丹津又因掉以轻心而丢营弃甲,兵败遁走。到了第二年年初,年羹尧命令诸将分兵深入,冒着风雪昼夜兼程,横扫敌方残军,捣毁巢穴。至此,青海战事成功平定,清军最终获得了全面的胜利,而年羹尧至此也坐实了"年大将军"的威名。

雍正帝因此大感欣慰,虽然年羹尧此前因平定西藏和郭罗克之乱已经先后受封三等公和二等公,但雍正帝还是破格再次晋升年羹尧为一等公,并加赏其父年遐龄为一等公,其子年斌为一等子爵。

此时的年羹尧俨然成了雍正帝的心腹及总理事务大臣,在雍正帝看来,年羹尧就像他的"恩人"一样,能拥有这样的封疆大吏是他的幸运。他说:"朕不为出色的皇帝,不能酬赏尔之待朕;尔不为超群之大臣,不能答应朕之知遇……在念做千古榜样人物也。"也正是希望他和年羹尧彼此间能成为千古君臣知遇榜样。

所以,雍正帝对年羹尧宠信优渥,几乎是到了无以复加、古来人臣罕能相匹的地步。在政治上,年羹尧奉命直接参与朝政,独揽涉及西部一切问题的大权,即使是有关重要官员的任免和人事安排,雍正帝也会与年羹尧进行商议。在生活中,年羹尧本人乃至他的族人亲眷都备受雍正帝恩宠,除了平日里时时封赏的奇宝珍玩、珍馐美味,还有驿站6日内从京师送到西安赐予年羹尧的荔枝。就连他手腕、臂膀有疾、妻子生病,雍正帝都曾再三垂询,特赐药品。

年羹尧的仕途俨然走上了巅峰,志得意满的他却未能做到如雍正帝期许的那样,而是渐渐脱离了本分。

被赐自裁

雍正二年（1724年）十月,年羹尧奉命第二次入京觐见。在边疆时,蒙古王公和额驸阿宝都需对年羹尧行跪拜之礼,是以在赴京途中,他便令直隶总督李维钧、陕西巡抚范时捷跪道迎送。入京后,年羹尧坐在马上接受王公以下官员的跪接之礼,对于王公大臣的问候他也只是点头回应,甚至在雍正面前也"无人臣礼"。

清宫起居注册

是清朝起居注官记载帝王言行的档册,类似日记体。康熙年间设起居注官,记录内容几乎无所不包,凡逢朝会、御门听政、有事郊庙、外藩入朝、大阅校射、勾决重囚,起居注官都分日侍直,凡谒陵、校猎、驻跸、巡狩,起居注官都须扈从。记注体例上,先载起居,次载谕旨,其次载题奏事件,再次记载官员引见。内记注则为皇帝御殿、诣宫、请安、赐宴、进膳、赴园、巡幸、拈香、驻跸、行围、观看灯火等活动。现藏于中国台北"故宫博物院"。

年羹尧与岳钟琪

年羹尧		岳钟琪
清康熙、雍正年间人,进士出身,官至四川总督、川陕总督、抚远大将军,加封太保、一等公		清康熙、雍正、乾隆时期名将,岳飞第21世孙,累官拜陕甘总督,封三等威信公
早期安于本分,甘于淡泊,恪尽职责,因军功受宠之后,骄纵蛮横,恃功自傲,骄横跋扈		深沉刚毅而多智谋,对士卒很严厉,但能与士卒同甘共苦,满汉士卒皆服命
平定西藏之乱,平息青海罗卜藏丹津叛乱,"年大将军"威名震慑西陲,自此西部之事上大权独揽,朝内政务可直接上报		领兵入藏、拉萨平叛、万里西征、抚定青海、改土归流,年羹尧后受雍正重用
因擅作福威、目无君上,以身败名裂、家破人亡告终		因曾静案招忌,被贬为庶人回成都,乾隆年间复出平定大小金川之乱、康定之乱

年羹尧进京受赏不久后，京城中便开始有流言称雍正帝是听了年羹尧的话才整治阿灵阿（皇八子胤禩集团的成员）等人，这样的话无疑是刺伤了雍正帝的自尊。是以当年羹尧结束觐见回任时，雍正帝赐予了他一道谕旨，谕旨一改往日的称赞与嘉奖，而是警告他慎重自持。

至此之后年羹尧在雍正帝心中的地位便扶摇直下，直到雍正三年（1725年）正月，雍正帝对他的不满已经开始公开化了，不仅就年羹尧指使陕西巡抚胡期恒参奏陕西驿道金南瑛一事批斥年羹尧任用私人、乱结朋党，还提升被年羹尧罢官监禁的蔡珽为左都御史，共同对付年羹尧。

三月，"日月合璧，五星联珠"的"祥瑞"显现，一时间群臣称贺。年羹尧也趁机上表称颂，却因字迹潦草，错把"朝乾夕惕"误写成"夕惕朝乾"而被雍正帝借题发挥，斥责他"自恃己功，显露不敬之意"。随后，雍正帝清洗四川和陕西的官员，解除年羹尧川陕总督职，令他交出军印，改任杭州将军。

调令一下，朝中官员纷纷揭发年羹尧的罪行，雍正帝遂以俯从群臣所请为名，先尽削年羹尧官职，随后于九月下旨缉拿年羹尧入京会审。十二月，朝廷议政大臣开列年羹尧92条大罪呈雍正帝，包含5条大逆罪，9条欺罔罪，16条僭越罪，13条狂悖罪，6条专擅罪，6条忌刻罪，4条残忍罪，18条贪婪罪，15条侵蚀罪。这些罪名中，应服极刑及立斩的就有30多条。但雍正帝念及年羹尧功勋赫赫，担心如若施以刑诛，难免会遭天下人诟病。遂下旨开恩，赐年羹尧在狱中自裁。

于是，雍正四年（1726年），这位位极人臣，叱咤一时的年大将军最终以身败名裂、家破人亡的下场自裁于狱中，结束了他显赫的一生。

雍正朝政事治理和重臣简表

政策及措施	内容
中央体制	整顿吏治，创立密折制度监视臣民，废除议政王大臣会议，设立军机处加强皇权
经济政策	摊丁入亩、废除贱籍、火耗归公、官绅一体当差纳粮
民族政策	改土归流
对外政策	海禁
立储制度	秘密立储
宗教信仰	笃信佛教，喜欢道教，禁天主教
朝中重臣	年羹尧、隆科多、李卫、田文镜、张廷玉、鄂尔泰

清雍正·粉彩团蝶纹碗

碗敞口，深腹，圈足。碗内无纹饰，外壁施白釉为地，粉彩绘由两只形态各异的蝴蝶及四季花卉组成的团花蝶纹，共五组。碗底足青花双圈书"大清雍正年制"六字双行楷书款。粉彩始创于康熙，极盛于雍正，是雍正朝彩瓷中最著名的品种之一。此碗现藏于英国大英博物馆。

清雍正·郎世宁·百骏图

意大利人郎世宁于雍正元年（1723年）年入如意馆，成为宫廷画家。此图于雍正二年（1724年）开始绘制，历时四年，雍正六年（1728年）完成。此图描绘了姿态各异的骏马百匹放牧游息的场面，画面的首尾各有牧者数人，体现了一种人与自然界其他生物间的和谐关系在画中，他将中国画的散点透视和西洋画的焦点透视巧妙地融合，极大地影响了清朝的绘画技法，也深受皇帝的喜爱。他还帮雍正时期重臣年羹尧的哥哥年希尧出了一本著作《视学》。

清

1725年—1730年

世宗以综覈名实督天下，肃吏治，严盗课，实仓库，清逋赋，行勘丈，垦荒土，提耗羡，此其大端也。卫受上眷最厚，以敏集事。然当时谓卫所部无盗贼，斯亦甚难能矣。

——《清史稿·李卫传》

李卫治浙江

自古明君爱贤臣，而李卫为官清正，为人刚直，在浙江任上六年，端吏治，肃盗风，清逋赋，垦荒土，遏私盐，筑海塘。其才猷干练，实心办事，所以才能深得圣心，恩眷不息。

入仕途径
捐资员外郎

性格缺点
重义气，屡受雍正帝教诫

主要著作
《钦遵圣谕条例事宜》《浙江通志》《畿辅通志》

主要成就
管理盐政、缉查私盐；稽查治理浙江海塘事宜；统管江南七府五州盗案，捉拿盗贼

处事特点
尊重文人，修筑浙江通志，建立书院；
不畏权贵，揭露某位亲王的属下非法营私行径；
喜明查暗访，捕武林人士甘凤池、缉查私盐斗盐枭

隆恩盛宠

李卫（1687年—1738年），字又玠，江苏铜山（今江苏徐州丰县大沙河镇）人。他十岁而孤，自幼崇尚习武，尤其锐意经世之务。康熙五十六年（1717年），李卫捐资被纳为员外郎，随后入朝补兵部员外郎一职，两年后再迁任户部郎中。到了康熙六十一年（1722年），李卫在怡亲王允祥的推荐下出任副使衔云南盐驿道。此后数年，李卫因改革盐课积弊得到雍正帝赏识，仕途一路攀升：监理铜厂、云南布政使、浙江巡抚、监理两浙盐务、浙江总督兼巡抚事、兵部尚书衔、太子少保衔、直隶总督。

从雍正三年（1725年）到雍正十年（1730年），在

李卫像
李卫（1687年—1738年），江苏徐州人，官至直隶总督，死后谥号敏达。

清

玉带晴虹
位于杭州金沙堤。清雍正《西湖志》卷四记载：金沙港在里湖之西，与苏堤之望山桥对，适当湖南北正中。雍正八年（1730年），总督李卫乐其形胜，作堤望山桥之北，名金沙堤，复于堤上构石梁以通里湖舟楫，因港中溪流湍激，设三洞以酾水，状如带环，故得名。

李卫就职于浙江的这6年时间里，他集督、抚、盐政于一身，并亲自参与本籍江苏督抚事务。然而李卫既无显赫家室，也无后台支撑，却能用10年的时间从一个小小的五品外郎一跃升至朝廷一品要员、封疆大吏，其权位之大，升迁之快，几乎是前所未有。而他之所以能得君盛宠，除却他本身为官清正、越自刻励，做事勇往直前，无所顾瞻外，还因他在浙江就任期间取得的一项项令人满意的政绩。

缉查私盐

自李卫为官开始，便长期主管或兼管某地的盐政工作。他曾担任云南盐驿道，之后先后被擢升为布政使、浙江巡抚，并且都同时兼管盐务工作。由此可以看出，雍正帝对李卫管理盐政、缉查私盐的能力是十分信任的。

清朝共有十几个盐区，其中，浙江盐区的盐销于浙、苏、皖、赣四省，所征盐税是清朝的一项重要经济来源。但由于清代体制僵化，盐政弊端丛生，走私贩盐现象极为猖獗，致使官盐销量不畅。李卫就任后便大胆改革，先用"摊丁入亩"的方法改变灶丁的课税征收方式，然后挑选为人忠厚的候选同知、通判、州县等官员，令其分往盐场处理盐务，如此一来既能强化管理，又能提升盐官的官品地位。同时，李卫还加强缉私队伍的力量，重点针对那些组织规模较大的大盐枭，比如拥有数艘大船、百名手下的著名盐枭——沈氏。在过去，面对走私气焰极为嚣张的沈氏，官兵都无计可施。但自李卫接任后便任用韩景琦与沈氏斗法，最终成功将其拿下。

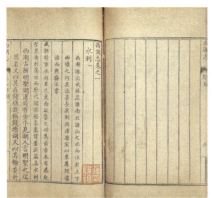

雍正四年（1726年），李卫提议在浙江私贩常出没的海宁县长安镇设立官兵，巡缉查私。同时，他一边令常镇道及京口将军，军标副将等官员严巡水陆，以防私贩盐商携带两淮私盐从镇江府进入浙盐行销区，一边继续实行对盐枭的严厉打击活动。

此外，李卫还及时向雍正帝上疏汇报，建议以海宁长安镇为中心，逐渐向外部署兵力，加强巡查缉拿，并奏请朝廷派遣副将、城守参将在江南苏、松、常、镇四府周围设立水陆兵力，以及时缉拿私盐商贩。一里一外，从两方面遏制浙江私盐的猖獗。

李卫采取的种种措施都取得了良好的效果，贩售私盐的商贩越来越少，朝廷的官盐销量也逐渐恢复顺畅，就连社会的治安也焕然一新了。

清李卫、厉鹗等著《西湖志》书影
清雍正九年（1731年）两浙盐驿道库藏板。全书四十八卷，分水利、名胜、山水、堤塘、桥梁、园亭、书院、寺观、祠宇、古迹、名贤、方外、物产、冢墓、塔院、碑碣、撰述、书画、艺文、诗话、志余、外纪。书间精刻西湖风景图数十幅，正文手书上板，初刻初印。

修筑海塘

除了管理盐务，李卫还着重处理了浙江海塘（海堤）事宜。海塘是江浙两省沿海居民用来抵御海潮侵袭的重要设施，其修筑工程主要集中在江苏的松江和浙江的嘉兴、杭州、绍兴四府。李卫对海塘的修筑十分重视，曾多次上奏请求整治。

雍正六年（1728年）七月，李卫奉旨前往松江海塘进行查勘，并向雍正帝提出修治方案。雍正帝予以采纳，遂令李卫与江苏督抚一同稽查治理。但由于该项工程拨款不多，

清·金镶边白玉带板
出土于徐州市丰县李卫家族墓，现藏于南京博物院。玉带是一种由数块乃至十数块扁平玉板镶缀的腰带，是古代官品位的标志。玉带板从13块到26块不等，材质、数量依据等级不同都有着严格的规定。

清各式补子一套

补子是补缀于品官补服前胸后背之上的一块织物,是明清品官服饰制度的一个重要特征。品官补服分为文、武两种,装饰各不同。文官绣禽,以示文明:一品仙鹤,二品锦鸡,三品孔雀,四品云雁,五品白鹇,六品鹭鸶,七品鸂鶒,八品黄鹂,九品鹌鹑。 武官绣兽,以示威猛:一品麒麟,二品狮,三品猎豹,四品虎,五品熊,六品彪(狮虎),七品、八品犀牛,九品海马。

李卫便在浙江等地筹集资金投入工程。次年五月,海宁塘工告急,李卫无奈之下只好新设抢修名目,暂时借用"盐政节省钱"进行抢修工作。

缉盗治盗

在浙江就任期间,李卫尤其注重对土地的清查,以便及时调整租赋。他在温州府乐清县以东的海面上开发玉环岛,并设营增兵,拟订强化管理的方案,以此防范外洋盗匪,防止私人贩米出洋。

缉盗治盗也是李卫所擅长的。雍正六年(1728年),李卫奉旨统管江苏七府五州盗案。他先是明察暗访,探听消息,当得知当地江苏督臣范时绎、按察使马世烆、游击马空北包庇盗贼,致使当地贼寇横行时,便立即上书弹劾。最后范时绎被调离原,马世烆、马空北二人发配充军。

在李卫长达数年的治理下,贼寇越来越少,偷摸拐骗、聚众赌博等行径也日益锐减,社会治安明显改观。雍正七年(1729年)正月到九月,李卫还侦破了以江宁人张云如、甘凤池为首的反清复明团伙,将其逮捕问斩,及时遏止了他们的举事准备。

李卫在浙江的这6年时间里,可谓表现出色,政绩卓越。雍正帝满意之余,还令李卫与太子太保田文镜将各自为官的经验书写下来,编撰成《钦颁州县事宜》,并下发给各地官员参考学习。

清朝初期

清代三百年，文献不存，文字狱祸尚有可以考见者乎？曰：有之，然其严酷莫甚于清初。

——中国史学家顾颉刚

又兴文字狱

有清一代，为树立清朝统治的权威，压制汉人民族反抗意识，以绝对残酷暴虐的文化专制政策，严重地摧残了无数人才。思想禁锢，文化凋敝，残酷的文字狱虽加强了政府集权，却也滞后了中国社会的发展和进步。

含义
因文字犯禁，或被故意摘取字句，罗织罪名处以刑狱

目的
加强清政府对文人百姓思想领域的控制；
镇压具有反清思想的汉族地主阶级知识分子

兴盛时期
明清两朝，以清朝最为严酷

典型案例
康熙年间：明史案、《南山集》案
雍正年间：吕留良案
乾隆年间：伪孙嘉淦奏稿案、王锡侯《字贯》案

危害
禁锢思想文化，影响士人风气；
造成社会恐怖，摧残人才学者；
败坏官场风气

所谓"文字狱"，即指因文字而受牢狱之灾。在中国封建历史上，旧时的封建统治者为了加强对文人百姓思想领域的控制，便通过暴力手段大举施行文字狱，以达到钳制言论、禁锢思想、排除异己、维护统治的目的。而纵观历史，以清朝时期的文字狱最为空前绝后，处罚也为历代所罕见。

康熙年间较大的文字狱案有两起，一起是庄廷钺在《明史辑略》中记录了满洲族先祖与明王朝的隶属关系，指责孔有德、耿仲明等叛明降清等而触犯禁例，牵连庄氏全族、全部参编者以及买书者

清代的书商
一方面出书、卖书事先不必得到批准，也没有专门的机构对书籍出版进行检查；另一方面却是充斥了蛮横专制和残酷的文字狱。这种对比，令洋人大感不解。

被杀的明史案。另一起是翰林院编修戴名世因编撰《南山集》未用清朝年号，被治以"罔视君亲大义"问斩，株连同族的《南山集》案。

到了雍正时期，雍正帝因受康熙末年激烈的九子夺嫡之争的影响，即位后便立即采取严密文网，罗织罪名，甚至是望文生义、无中生有，严厉打击各种异己势力，镇压那些具有反清意识的知识分子。其中，最大文字狱当属发生在雍正六年（1728年）的吕留良案。

吕留良是明末清初知名理学家，明朝覆灭后他不愿为清朝效力，便落发为僧，一边过着隐士的生活，一边锐意著述。他曾写下"清风虽细难吹我，明月何尝不照人"等诗作，以表达抗清复明之意，力倡华夷之别。康熙二十二年（1683年），吕留良因病逝世，但其遗稿却在雍正五年（1727年）被湖南永兴

吕留良像
出自《清代学者像传》。吕留良（1629年—1683年），明末清初杰出的学者、思想家、诗人和时文评论家、出版家。

刘氏梯号

刘氏梯号，俗称红房子，位于中国浙江省湖州市南浔区南浔镇南东街，坐东朝西，为当地富商刘安泩（号悌青，一说梯青，刘镛第三子）故宅，建于清光绪三十一年至三十四年（1905年—1908年），北部利用了原庄允诚宅故址（原宅毁于清初明史案）。建筑群分为南、中、北三路，东为花园，其中路为中式传统厅堂，第二进为正厅崇德堂，今与第三进后厅均已毁，现存遗址，南北两路在中式传统建筑中融入西欧罗马式建筑，北路建筑立面尤为壮观。

人曾静访得。曾静深受吕留良作品的影响，便让他的弟子张熙投书给川陕总督岳钟琪。张熙指出岳钟琪是岳飞的后裔，大清是金人之后，而岳家与金人世代为仇，并列举雍正帝谋父弑兄、屠弟逼母、诛忠多疑、耽酒好杀等罪行，怂恿岳钟琪起兵造反。

岳钟琪当即向朝廷告发此事，随后，曾静、张熙被捕入狱，并在审讯时坦白自己是受吕留良华夷有别论的反清思想的影响。于是，雍正帝立即下令搜查吕留良的著述及日记，并亲自撰文，驳斥吕留良的华夷有别论。雍正帝认为"华夷无分、满汉一体""本朝之为满洲，犹中国之有籍贯"。他这样做，一方面是为了借否

《大义觉迷录》书影
清雍正帝编著，因曾静反清案件而向天下刊布此书。全书共四卷，在书中雍正不但对吕留良夷夏大防言论做了全面批驳，还对曾静指责他弑父、逼母、夺嫡、自立之事，逐条进行反驳，主张了清朝的正统性和"华夷一家"，以期消弭汉人的夷夏之防，缓和民族矛盾，特别是借由"天"之名强调政治的正统性。

认当时仍然存在的激烈尖锐的民族矛盾来缓和广大汉族人民的反清情绪，另一方面则是为了顺势在汉族地区统治兴造舆论。接着，雍正帝让曾静写下自白书，以示悔过，并颂扬皇帝的"圣德"，然后将自己的文章及历次谕旨与曾静的供词、忏悔录等一起刊刻成《大义觉迷录》，公布天下，命学校教官督促士子认真观览晓悉，若有玩忽者则治罪严惩。

其后，雍正帝将首犯曾静、张熙

清·无款·雍正祭先农坛图
描绘了清雍正帝祭祀农神时的活动场景。佩带腰刀、肩扛旌旗的侍卫队，红袍着身、设备齐全的乐队，穿戴整齐、肃穆静待的百官，红案黄帐、祭品丰富的祀坛，整体画面疏密有致，重点突出，笔法细腻，具宫廷绘画的气派。现藏于北京故宫博物院。

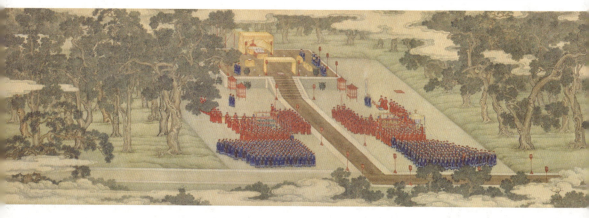

作为悔过的典型予以赦免,但其他人就在劫难逃了。雍正十年(1732年)十二月,雍正帝下旨将吕留良开棺戮尸。吕氏家产充公,族人或斩首示众,或杖责充军,妇幼发遣宁古塔给披甲人为奴,就连吕留良的门生弟子或私下藏匿吕氏遗稿的人都广受牵连。此外,雍正帝还令大学士朱轼将吕留良的《四书讲义语录》"逐条摘驳,纂辑成帙",并刊刻成集,公布于世,以消除吕留良的影响。

雍正帝逝世后,乾隆帝即位,文字狱的盛行更是前所未有的。文网严密,罗织苛细,甚至是吹毛求疵到一个字、一段话都能锻炼成狱。以王锡侯的《字贯》案、徐述夔《一柱楼诗集》案和尹嘉铨"古稀罪"案为例,乾隆时期共发生有130多起文字狱案,其中有40多起都是处以死刑的。

纵观康、雍、乾三朝,因文字狱的迭兴,清政府虽压制了反清思想的传播,控制了思想文化的领域,加强了中央的集权统治。但无数知识分子,上至汉族地主与政府官员,下至平民百姓、学生士子,在强权的压迫下他们人人自危,以至先进思想文化被严重摧残,社会发展明显滞后。文字狱的代价是极其惨痛的,它也因此成为中华民族的千古浩劫。

岳钟琪像

岳钟琪(1686年—1754年),字东美,号容斋,四川成都人,岳飞第21世孙,清康熙、雍正、乾隆三朝名将。因曾静向他进言反清,引发吕留良案,自己也被雍正怀疑,下狱险死。后带病出征,卒于途中。一生军功上平定西藏,招抚青海,平定大小金川;经济上推行摊丁入亩;政治上建议改土归流。乾隆帝曾赞他为"三朝武臣巨擘"。

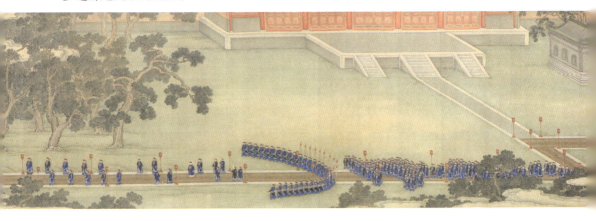

> 1757年—1759年

乾隆二十四年，将军兆惠追捕霍集占兄弟，遣侍卫达克塔纳等抚布鲁特诸部。

——《清史稿·卷五百二十九》

平叛大小和卓

这是清朝统一中国的最后一战，奠定了极盛版图的关键一役。天山南路的回归，不但结束了康熙朝以来七十余年的西北边患，也重新打通了中国与西亚、南亚的陆路贸易，和阗玉自此成为清室垄断的珍宝。

时间
1757年—1759年

交战地点
库车、叶尔羌、和阗（今中国新疆西南、塔吉克斯坦东部、阿富汗东北）

起因
霍集占趁阿睦尔撒纳（定边左副将军）发动叛乱，杀害清军副都统阿敏道，举兵自立

双方投入兵力
大和卓（波罗尼都）：5000余人
小和卓（霍集占）：1万余人
清军：后期2万余人

主要指挥官
大小和卓：波罗尼都，霍集占
秦军：兆惠、阿里衮

交战结果
大小和卓战败，清朝完成全国统一

霍集占反叛

大小和卓则分别指的是伊斯兰教白山派领袖玛罕木特的长子波罗尼都和幼子霍集占。乾隆二十年（1755年），清军西征准噶尔，大小和卓先后降清，表示愿率领部众一同归顺。却不料当清军成功平定准噶尔，将西征大军撤回内地后，霍集占趁阿睦尔撒纳发动叛乱，清军再次失去对天山北路的控制时，击杀清军副都统阿敏道等100多名清军，公开举兵反叛。

霍集占的反叛之举令乾隆帝勃然大怒，遂于乾隆二十三年（1758年）正月二十六日，在确认阿睦

尔撒纳已经死于俄罗斯后下令征讨霍集占。二月，清朝靖逆将军雅尔哈善率领众将与8000名清军从吐鲁番西进，并于五月初将库车团团包围。

驻守库车的是霍集占的亲信阿卜都克勒木，其弟与霍集占先后率兵前来支援，却都被清军击败。霍集占负伤逃入城中，负隅顽抗。雅尔哈善急于求胜，便下令命士兵日夜挖掘隧道攻城，谁料城内守军引水灌入隧道，淹死不少清军，乾隆帝遂改令定边将军兆惠率兵南下，参与征伐。

适时库车伯克（官名）鄂对的亲眷都在城中，霍集占不仅下令屠戮，还意欲强占鄂对的妻子，对其凌辱。鄂对便向雅尔哈善提议："将清军兵分二路，分别在库车城西、北的两处隘口设伏。等到城中粮食耗尽时，霍集占一定会出城逃跑的。"然而雅尔哈善却因鄂对是新降之人不肯听信，疏于防范。结果不久后，霍集占果然率领四百余众自西门逃走，其亲信也弃城离开，城中只剩下一些老弱残兵。

乾隆帝得知战报后大为震怒，下旨将雅尔哈善押送回京议斩，并令工部尚书纳穆札尔接任靖逆将军一职，户部侍郎石三泰接任参赞大臣，听从兆惠辖制。而此时，雅尔哈善正让哈密贝子玉素富驻守库车，镶黄旗察哈尔总管端济布作为前锋开赴阿克苏。

围困黑水营

霍集占自库车逃往阿克苏途中，其亲信被阿克苏毛拉阿舒尔率众杀死，霍集占攻占不下阿克苏，便转向乌什。

八月，兆惠与雅尔哈善会合，进驻阿克苏，收缴雅尔哈善官印，遣人押送他回京，随后便率军向乌什出发。当

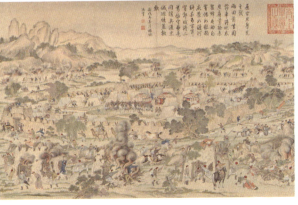

清·郎世宁·乾隆平定准部回部战图（局部）
自左至右分别为《和落霍斯之捷》《乌什酋长献城降》和《通古丝鲁克之战》。这三场战役均发生在清乾隆二十三年（1758年），三月几股敌兵在和落霍斯会齐，准备向伊犁河下游逃窜。定边将军兆惠获悉，便派策布登扎布领兵翻越阔勒奇岭尾追，自己则率大军策应。双方骑兵在空旷的地区中纵马冲杀，清军均持弓箭，而叛军都手持火枪。八月回部首领霍集斯接受清军招抚，于乌什城边迎接清军。十月，清军追击叛军至通古丝鲁克，叛军以两万余众阻截，清军于内据城而守。

时乌什的伯克是漠咱帕尔，霍集占得知漠咱帕尔企图设宴诱擒他，便派被迫依附他的霍集斯前去招降。却不想霍集斯入城后立即倒戈，投靠清军，霍集占被迫一路退至喀什噶尔，大小和卓手中仅剩下喀什噶尔、叶尔羌二城。

霍集斯遂向兆惠提议，可先攻打叶尔羌，截住出逃之路，再发兵喀什噶尔，波罗尼都也就只能投降了。于是兆惠率先带领4000人进兵叶尔羌。九月，乾隆帝令在哈萨克追剿叛军的参赞大臣富德前去协助兆惠，又命舒赫德接任头等侍卫，增派1000人赶赴阿克苏。

十月初五，兆惠抵达叶尔羌城下，但因人少不能围城，霍集占据守不出。大和卓波罗尼都虽责怪霍集占轻举妄动，以致清军征讨，但见霍集占被包围，还是亲率5000人赶来支援。月中，已经抵达乌鲁木齐的富德再次接到乾隆帝下达的指令，领兵南下巴尔楚克（今巴楚县）护卫清军台站，适时如果兆惠还没有攻克叶尔羌，便可直接率军拿下喀什噶尔。

十三日，兆惠接到和卓士兵在叶尔羌城南的英额齐盘山放牧，便率军自城南过桥，准备抢渡黑水（维吾尔语称黑水为喀喇乌苏）突袭牧地。然而才只过了400名士兵时，桥梁突然坍塌，被霍集占重兵包围。兆惠被打了个措手不及，损失惨重。眼看无法突围，兆惠便在黑水南岸就地结营，挖掘壕沟，这便是历史上著名的"黑水营"。而霍集占也就地驻扎，将清军围困其中。前来支

清·郎世宁·乾隆平定准部回部战图·黑水解围
清乾隆二十三年（1758年）十月至二十四年（1759年）正月，清军3000余人被叛军2万余众围困于叶尔羌城外的黑水营内。在定边将军兆惠的指挥下，打退了叛军的轮番进攻，直到清将富德、舒赫德率领援兵赶到，里应外合，击破包围圈，遂解黑水之围。

清·郎世宁·乾隆平定准部回部战图（局部）

自左至右分别为《呼尔满大捷》和《阿尔楚尔之战》场景图。黑水解围时，回部叛乱头子小和卓木霍集占率骑兵5000余人阻截清军的援兵，双方在呼尔满附近激战5天，最后清军获得全胜，叛乱头目之一的大和卓木波罗尼都亦于此役中受了重伤。七月，大小和卓木叛军与追击的清军在阿尔楚尔遭遇。画中清军以骑兵打头阵，骆驼队驮炮为后援；远处的山头上，清军占据制高点，以火枪向逃散的败兵射击。

援的纳穆札尔与石三泰在途中遭遇波罗尼都派出的3000名援军，清军几乎全军覆没，仅剩下少数兵丁逃出，爱隆阿闻讯后随即撤往阿克苏。

兆惠上书请罪，并请求调阿克苏等地守军齐集于此，合力进攻。其间和卓军向黑水营数次发起进攻均被击退，便采取长期围困。十一月中，喀什噶尔的属城英吉沙尔（今新疆英吉沙县）被布鲁特（柯尔克孜人）头人纳喇巴图等人攻陷，同时，兆惠焚毁了两处和卓军营。大小和卓以为清军会与布鲁特联手，便遣人与兆惠议和，表示愿意赠送粮草，撤围相见，但兆惠没有答复，波罗尼都只好回防喀什噶尔。

呼尔满激战

年底，兆惠已经被困了3个月之久，粮草耗尽，营中士兵几乎到了掠取平民烹食的地步。而另一方，于十一月初接到兆惠奏报的乾隆帝当即命富德为定边右副将军赶赴叶尔羌解救兆惠。并任命副都统阿里衮、舒赫德、爱隆阿为参赞大臣，调集兵马、骆驼前去增援，成衮扎布征发漠北达什达瓦所属准噶尔兵丁，待次年从特穆尔图淖尔（今吉尔吉斯斯坦伊塞克湖）转而南下增援。同时又命陕甘总督黄廷桂为西征清军准备两万匹马。

富德接到调令后连忙率领将士部众从乌鲁木齐出发，日夜兼程，终于在十二月二十五日在巴尔楚克与舒赫德的队伍会师，向叶尔羌进发。同时，阿里衮押送的马匹与骆驼也送达阿克苏了。

乾隆二十四年（1759年）正月初六日，富德在叶尔羌东北的呼尔满与5000名前来拦截的和卓军展开激战，夜间，和卓军不敌撤退。初八，和卓军利用清军马少的劣势大举围攻，富德苦战不得突围。直到初九日晚上，阿里衮率援军将1000匹马和400头骆驼送到。黎明时分，在阿里衮、护军统领努三与富德三路夹攻下，和卓军不得已向南遁去，呼尔满一战至此大捷。

大小和卓西逃

自呼尔满之战后，大小和卓兄弟二人又因维吾尔群众的背离而陷入了困境，便决定逃往葱岭以西的巴达克山，或者再从巴达克山逃到痕都斯坦（今克什米尔地区南部及巴基斯坦北部）。在他们移动家眷、财产，准备出逃的同时，流亡于境外的和卓后裔已经纷纷投降清朝。兆惠、富德也在筹集粮饷，并定议先取喀什噶尔，再攻叶尔羌。他们发兵之前，霍集斯也曾派遣亲信去喀什噶尔劝说波罗尼都归降。

六月上旬，富德与兆惠兵分两路，分别进兵叶尔羌、喀什噶尔，阿里衮、巴禄则率兵3000人把守各处关隘。六月二十七日，波罗尼都带着150多户居民及其亲眷家属、奴仆，从玉鲁克岭（在今疏附县西南）向西逃遁。霍集占则将叶尔羌居民的马匹、牲畜抢掠一空，然后带着勒索得来的4000两白银经伯克和罗木渡口逃往羌呼勒。兄弟二人在色勒库尔（今塔什库尔干县）会合后继续西逃。随后，清军在喀什噶尔、叶尔羌二城的伯克的迎接下进城，兆惠留下处理城中事务，富德、明瑞则继续领兵追击。

葱岭三战

六月十五日，明瑞、爱隆阿带领2000人向西进入葱岭（帕米尔）群山中。适时，原本意欲前往巴达克山却遭众伯克拒绝的和卓兄弟二人只能转而北上前往安集延。二十八日黎明，明瑞率领900名前锋在霍斯库鲁克岭（在喀拉湖以北）追上有6000余人的大小和卓军队。和卓兵仗着人多，将明瑞分队合围，明瑞则且战且行，设计埋伏，最终击退和卓兵。

七月，富德、阿里衮、明瑞在喀喇乌苏会合，集4000名精兵进发，于阿尔楚尔（在今塔吉克斯坦戈尔诺-巴达赫尚自治州穆尔加布区东南）山谷与埋伏在此的大小和卓军展开交战。和卓军折损1000多人，随即逃至布隆库勒湖东北的伊西洱库尔淖尔（塔吉克斯坦东南之叶什勒池）湖畔。波罗尼都在湖岸北边驻扎，霍集占在东面山峰休整。而清军则分路夹击霍集占，和卓军溃不成军，不少人纷纷投降，霍集占则夺马而逃，趁夜绕过山岭与波罗尼都会合。十二日，大小和卓一路被清军追击，仅率妻子与不到400名奴仆出奔巴达克山，富德与阿里衮分兵两路继续追剿至巴达克山境内。

大小和卓一进入巴达克山境内后便遭到了衮都伯克沙莽苏尔等人沿途追击。无奈之下兄弟二人只好向南前往都城牌租阿巴特（今阿富汗巴达赫尚省首府法扎巴德）。与此同时，清朝使臣也抵达牌租阿巴特与素勒坦沙会面。七月二十八日，在素勒坦沙的邀请下波罗尼都随即入城，霍集占则领兵在城外要求素勒坦沙交出清朝使臣，并表示愿意做巴达克山的奴仆。但如果素勒坦沙不愿意，他就对村庄发起进攻。素勒坦沙随即派出数千名士兵迎击，霍集占最终在齐那尔河负伤被捕。

叛乱平定

素勒坦沙将波罗尼都、霍集占兄弟分别关在柴扎布的两间室内，并派人通知富德。他一面希望能得到清军庇护，一面又害怕交出伊斯兰教先知的后裔（大小和卓）会遭巴达克山的阿訇（回族穆斯林对主持清真寺宗教事务人员的称呼）和邻国的敌视。八月二十五日，由于当地阿訇极力阻挠，素勒坦沙被迫中止交移大小和卓。次日，富德通知素勒坦沙，限其在25天之内交出大小和卓，同时令侍卫额尔登额、伍岱领兵跟随。

九月九日，素勒坦沙与额尔登额会面，称大小和卓因曾暗通巴达克山的敌国塔尔巴斯而被杀死，遂派遣熟识大小和卓的纳达齐去查验尸体，经确认后"霍集占之尸属实"，但波罗尼都的尸首却不见了。其后额尔登额派人密访，并传讯维吾尔妇女济尔噶勒等人，证实波罗尼都、霍集占被杀之事。

三十日，额尔登额带领巴达克山使者、证人返回兵营，进献霍集占首级。再次经过确认后，额尔登额奉命将霍集占首级函送京师，巴达克山使者、博洛尔使者以及证人一同进京。数年后，清廷查出波罗尼都尸首是被其仆人盗出埋了。至此，大小和卓兄弟二人的叛乱结束。

清·郎世宁·乾隆平定准部回部战图（局部）
自左至右分别为《郊劳回部成功诸将士》《凯宴成功诸将士》场景图。二月，乾隆帝下令在京师以南的良乡附近筑坛，慰劳出征平叛凯旋的将士，整体场面肃穆庄严。清乾隆二十六年（1761年）正月，乾隆帝又在修葺一新的大内西苑中，设宴庆功，招待文武大臣、蒙古王公台吉以及出征准部回部的将士等100余人。

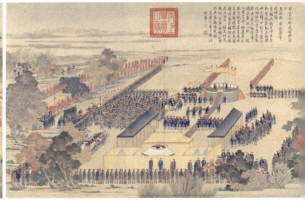

1771年

戊寅，命巴图济尔噶勒赴伊犁办土尔扈特投诚事宜。己卯，谕土尔扈特投诚大台吉均令来避暑山庄朝觐，命额驸色布腾巴勒珠尔驰驿迎之。

——《清史稿·本纪十三》

渥巴锡率众归国

这是一场为捍卫民族独立，维护和平自由的反抗之战。面对强国无情的暴虐和侵掠，他们愤然起义，跋涉万里，凭借中华民族不畏强暴、反抗压迫剥削的坚毅之心，最终力克险阻，举众东归。

时间

1771年

主要领导人

渥巴锡（阿玉奇汗之曾孙）

发生事件

土尔扈特部首领渥巴锡率领部众发动武装起义，冲破沙俄重重拦击，最终取得胜利，返回祖国

目的

摆脱沙俄欺压，维护民族独立，巩固中华统一

结果

土尔扈特人举部回归，各地百姓纷纷捐献物品；
清政府拨专款采办，接济土尔扈特人，并划牧场供他们安居乐业

决意东归

土尔扈特是中国蒙古族中一个古老的部落，他们原居住在新疆塔尔巴哈台。明朝末年，部族中的大部分人为了寻找新的居住地而离开家乡，来到位于额济勒河（今伏尔加河）下游的大草原。他们在那里安居开垦，劳作生息，并建立起了游牧民族的封建政权土尔扈特汗国。

然而，盘踞在北面的沙皇俄国一直在不断地向额济勒河流域扩张。沙皇政府知道，土尔扈特人也是十分强悍的，倘若动用军队力量驱逐土尔扈特人，自己也会付出极大的代价。所以他们采取了"恩威并施"的方式，一边用军事威胁他们，一边在政治上

舒赫德像

舒穆禄·舒赫德（1710年—1777年），字伯容，号明亭，满洲正白旗人，在平准战争、平定大小和卓叛扰和经略回部、安置土尔扈特部及经营伊犁军方面发挥了很大作用，是乾隆朝的一名重臣。曾为办理招抚旧土尔扈特的总理回疆事务参赞大臣。旧土尔扈特部是清代蒙古土尔扈特部的一支，即由渥巴锡率领、从俄罗斯伏尔加河流域迁徙至中国境内的土尔扈特部落。

渥巴锡腰刀

这是渥巴锡回归后献给乾隆帝的祖传腰刀。银质圆形刀柄,一面嵌有红珊瑚一颗。鞘由鲨鱼皮和牛皮相间制成,以银线相隔。现藏于新疆博物馆。

利诱,从而与土尔扈特人签下数个条约,由此占据了政治与经济的特权优势,并逐步将土尔扈特人控制在手中。

土尔扈特人一方面为了捍卫家园,反抗沙皇政府的残暴统治,一直在与之抗争着;另一方面随着俄国的日渐强大,土尔扈特人却又被迫臣服于俄国的势力。其后,由于土尔扈特人的内部政权依然保持着基本独立,俄国便对土尔扈特部开始实行了一系列的高压政策。俄国不但强迫土尔扈特部族人背弃藏传佛教格鲁派,改信东正教,还强征土尔扈特部的青年服兵役,参与俄国与土耳其以及对外侵略扩张的交战。经过数年的战事,土尔扈特部的人口急剧下滑,数万人口因此丧生。此外,俄国还放任哥萨克肆意侵占土尔扈特部的领地,甚至令土尔扈特交出300名贵族子弟到俄国做人质。

面对沙俄无止境的歧视压迫与残虐暴政,当时土尔扈特部首领——阿玉奇汗的曾孙渥巴锡意识到,再这样下去,土尔扈特势必会灭亡。因此,众人经过三次会议商榷后,最终决定秘密东返祖国。

他们想尽一切办法,先加强与内蒙古各部、西藏达赖喇嘛以及清王朝政府的联系,如此一来既能抵制东正教的侵染,又能寻求清王朝的支持,从而抵抗沙皇政府对他们的剥削与控制。

艰辛归途

土尔扈特部的首领渥巴锡虽年纪轻轻,但有勇有谋,且为人坦荡正直,友好善良,因而十分受族人的爱戴。他知道,这时准噶尔早已经被清朝平定,返回祖国的路障基本被扫除了,便开始秘密策划,先是频繁地与厄鲁特蒙古各部加强联系,并数次派人赶往西藏熬茶

清政府颁发给土尔扈特部头领的虎纽银印

印面为正方形,背铸一蹲虎为钮,土尔扈特东归后清朝按其原部落系统编设旗盟,渥巴锡封"英勇之王",其他头领各封亲王、郡王、贝勒等,发虎纽银印。现藏于新疆博物馆。

礼佛。随后他通过辉特部的巴达诺颜和杜尔伯特部的鄂勒登转告清政府，他欲携土尔扈特部众回归祖国。另一方面，他又与清政府驻伊犁的官员取得联系，提出回国的要求。清政府自然是同意了他们的合理请求，并表示随时都可以迎接他们回归。

一切准备就绪，时机也成熟了。乾隆三十六年（1771年）正月，渥巴锡召开部落大会，号召族人参与起义，离开已经居住了170多年的额济勒河域，回归祖国。这一号召得到了17万族人的一致支持，他们在渥巴锡的带领下一把烧毁了自己居住的村落，毅然走上了东归之旅。

沙皇政府得知消息后立即派出大批哥萨克士兵前去追击堵截。眼下后有追兵，前有堵截，而土尔扈特部还带着数以万计的牛羊，情势危急，他们不得不艰难地且战且行。这一路上沙俄穷追不舍，土尔扈特部不断应战，加上路途中饥饿与疾病的侵蚀，最终，在历经无数次艰苦卓绝的战斗与艰难险阻后，土尔扈特部共用了半年多的时间，拼尽生死走了万余里路程，终于在六、七月间抵达中国伊犁城，回到了祖国的怀抱。

乾隆帝戎装像
清郎世宁绘。乾隆帝，清高宗爱新觉罗·弘历（1711年—1799年），25岁登基，在位60年，是中国历史上实际执掌国家最高权力时间最长的皇帝，也是中国历史上最长寿的皇帝。乾隆帝在位期间是清朝的全盛时期，其武功昌盛，对国内外都有着深远影响。

宝吉骝图
清艾启蒙绘，现藏于北京故宫博物院。渥巴锡于乾隆三十五年（1770年）率部东归，到达伊犁，乾隆帝调集物资发给土尔扈特人，于是渥巴锡归顺清朝，并将色尔克斯马献给乾隆帝。乾隆帝给马赐名为"宝吉骝"。

而原来的17万部众此时也仅剩下了不到8万人。

抵达伊犁后，渥巴锡拿出了土尔扈特部先祖在明朝永乐八年（1410年）受到敕封的汉篆玉印，进献给清政府，以此表明土尔扈特部人忠贞爱国的赤诚之心。

回归祖国

土尔扈特部回归祖国后，乾隆帝立即派人前往伊犁做好迎接的准备工作，并令人对土尔扈特部进行妥善的安置。

清政府让土尔扈特部在新疆伊犁一带放牧，并拨专款采办牲畜、皮衣和茶叶粮米，帮助他们尽快安定下来，恢复生产。乾隆三十九年（1774年），乾隆帝在热河木兰围场接见了渥巴锡等部族首领，邀请其一同观赏围猎，并在承德避暑山庄宴请他们。随后，乾隆帝颁布了封爵的赏赐，封渥巴锡为卓里克图汗，蒙语中即英勇无畏的意思，土尔扈特的大小首领也均在受封爵位之列。此外，乾隆帝还命人在普陀宗乘之庙内，用满、汉、蒙、藏四种文字刻下《土尔扈特全部归顺记》与《体恤土尔扈特部众记》两块高达5米的石碑，以此纪念土尔扈特部历尽千辛万苦回归祖国的感人事迹。

但土尔扈特部的回归行径却惹恼了俄国，沙皇政府竟直接致信，以发动战争来威胁清政府，要求其交还土尔扈特部。对此，清政府义正词严地回复说："土尔扈特渥巴锡等人原本与你俄国就不属一类人，他们皆是因为不堪忍受你们国家的苛捐杂税与残虐暴政才回

到祖国。你们要战也好,要和也罢,都由你们自行决定,我们大清朝自当奉陪到底,绝不会妥协!"

土尔扈特部在国内主要分布于新疆、青海和额济纳三处,虽然还有一部分的族人因受阻碍而永远地留在了国外,但土尔扈特部勇于捍卫民族独立,奋起反抗强权,跋涉万里回归祖国的壮举,依然是中国民族关系史上可歌可泣的辉煌篇章。

清·避暑山庄全图(局部)
这是清朝年间描绘河北避暑山庄的专题地图。该图生动地表现了清乾(隆)、嘉(庆)时期承德离宫与外八庙及附近山水胜景全貌。图中以不同的标签标明了康熙帝与乾隆帝在避暑山庄外围各营造的三十六景。避暑山庄始建于清康熙四十二年(1703年),康熙四十七年(1708年)初具规模,至乾隆五十七年(1792年)全部建成。建筑物达110余处,占地面积564万平方米,是清代皇帝夏天避暑和处理政务的场所,也是中国现存占地最大的古代帝王宫苑。

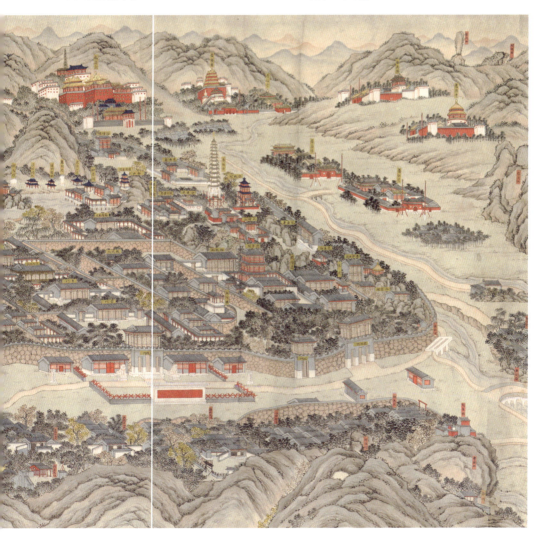

1773年

上嘉其廉，命纂校四库全书，授翰林院编修。书成，擢太常寺少卿。

——《清史稿·列传一百十七》

《四库全书》启动

《四库全书》的编纂，既为中国文明的延续做出了巨大的贡献，也为后世之人将诸多珍贵的珍本文献流传了下来。然而究其根本，它同时也是一代明君为凸显自己文治功绩、名留青史，借此粉饰焚书坑儒行径的借口。

全称
《钦定四库全书》

作者
永瑢、纪昀等360多位高官、学者

全书规模
7.9万卷，3.6万册，约8亿字

起编时间
乾隆三十八年（1773年）

主要包含内容
经、史、子、集四部

艺术价值
规模庞大，清代中期以前传世的经典文献几乎全部囊括其中；
保存了中国历代不少近乎失传的典籍，并校正其中的讹误脱漏；
开创了多层次的古籍编撰和保存工程

负面评价
乾隆以修书为名，实则是篡改删去古代文籍中的不利之处，借此大兴文字狱，戕害读书人，禁锢其思想

编纂背景

乾隆时期是中国历史上国力最为昌隆的时代之一，其君王乾隆皇帝也是历史上难得的明君。乾隆帝自小便深受其祖父康熙帝的影响，在统治思想上也追随着他的脚步。因此，他即位后也想效仿康熙时期编撰《古今图书集成》，整理编辑一部大型丛书，以此博取美誉，凸显文治。恰好这时，翰林学士朱筠提出建议："明朝的《永乐大典》虽然保存了许多已经散佚的古籍，但是由于它是一部类书，人们为了方便根据专题进行翻阅，就将文献拆散分类。如此一来就无法看到完整的书籍，所以建议将这些书籍查找出来，重新还原抄写。"

纪晓岚像

纪晓岚（1724年—1805年），名昀，号石云，直隶河间人，清代学者，曾任乾隆年间礼部尚书、协办大学士和《四库全书》总纂修官。因"敏而好学可为文，授之以政无不达"，死后谥号文达，世称文达公。

朱筠的提议正好迎合了乾隆帝的心意，一来他可以借此招揽、网罗天下的儒生、大儒；二来能趁机粉饰太平盛世，宣扬自己的文治功绩，垂名青史；三来能借书籍规范天下人的言行，褒贬其他言论。加上此时朝中国库充裕，足够支持完成这样一部大型丛书的编纂。

于是，乾隆三十七年（1772年）二月，乾隆帝下发谕令，命全国各地开始征集包括前朝与本朝的作品在内的孤本、珍本藏书，"将所辑佚书与'各省所采及武英殿所有官刻诸书'汇编在一起，名曰《四库全书》"，并任命纪昀（纪晓岚）为《四库全书》的总纂官。

文渊阁《四库全书》
现藏于中国台北"故宫博物院"。该书是乾隆帝敕令编修的大型丛书，分为经、史、子、集四部，44类共收书3503种，约8亿字，收录了从秦至乾隆前期的重要古籍。《四库全书》誊缮七部，分藏于紫禁城内的文渊阁、盛京（今沈阳）宫内的文溯阁、北京圆明园的文源阁、河北承德避暑山庄的文津阁，现今遗留的完整抄本，是文渊阁、文溯阁和文津阁本，其余都已有散佚，甚至全毁。

焚毁禁书

早在乾隆六年（1741年）时，乾隆帝就已经下旨为充实宫掖征藏天下藏书。当时各省的官员以为这只是皇帝一时的心血来潮，并未认真履行。所以当乾隆帝下令编撰《四库全书》时，各省的官员们还没有意识到乾隆帝对这件事情的重视，没有付诸什么实际行动，以至原本以为会立即征收到大量珍本藏书的乾隆帝，等了一年之久却只收到了几本书。

乾隆帝为此大为震怒，立即下旨严厉敦促各省督抚以半年为期，务必依照旨意征集藏书，并降纪昀为副总纂，自己亲自担任正总纂。乾隆三十八年（1773年），乾隆帝在北京设立《四

纪昀古墨缘砚台

纪文达公遗集

《纪文达公遗集》含诗文各十六卷,分上下两编。内容多序传铭赋之类应酬文字,反映现实不多,但因其作者广通博学,其文精义微言,不袭时俗,字字可珍。尤以卷八、卷九序为最佳,考证源流,辨章学术,多与四库提要相发明。

库全书》馆,正式开始编纂工作,并先后组织了3800多人参与工作,除却负责抄录与打杂的,光是负责编纂的就有500多人。如此一来,朝中以及各省的官员们便明白皇帝这次是动真格的了,遂认真开始行动。

当时江南一带文风鼎盛,不少文人、学者家中都藏有大量珍本书册,甚至还有人家中建有私人藏书楼,例如宁波范氏的"天一阁"、嘉兴朱氏的"曝书亭"等。清廷为了鼓励这些人进献藏书,特地制定了一系列奖赏政策:进献藏书达100种者赏《佩文韵府》一部;达500种以上者赏《古今图书集成》一部;"借"献宋元时期珍本者,圣上将亲题诗作,抄录完毕后物归原主。

奖赏政策一经颁布,各地人士便开始争相进献藏书。但随着进献的藏书种类越多,各种不利于清政府统治的违禁书籍也大量涌现,尤其以明末清初宣扬反清复明、痛斥清军入关屠戮行径的文章书籍居多。于是,乾隆帝随即下令让负责编纂的官员用黄签逐个标明"违碍"之处,统一交由他亲自翻阅,于武英殿集中销毁。并昭示销毁的书目,警告再有人私藏这些书籍,一律治罪。

清乾隆·雕橄榄核舟

陈祖章所制,广东人,于雍正时期已进入清宫造办处,以牙雕著名,但这件作品同样令人称奇。他依照橄榄核天然的外形,将一个果核雕琢成一艘小船,船上乘载八人,每位人物的动态、表情各有不同。最特别的是,船底刻苏轼的《后赤壁赋》全文,三百余字,细密井然,堪称鬼斧神工。现藏于中国台北"故宫博物院"。

一时间，大量"违禁"书籍被删减、销毁。其中，被删减的书籍达400多种，被查禁销毁的书籍有2400多种，总数共计10万部。然而，除了"违禁"书籍，就连提倡民族大义的宋朝书籍，以及与政治毫不沾边的顾炎武的《音学五书》都尽数被焚毁，甚至还有些书籍仅仅是因为不符合乾隆帝的胃口而被冠上"违禁"之名被烧毁。因此，《四库全书》的编纂无形中对中国的传统文化造成了巨大的损失。

十年辛苦

自《四库全书》的编纂工作开始后，馆中的参编官员、差役便不分寒暑地认真进行工作。他们一边查阅2万多卷的《永乐大典》中零零散散的材料，一边竭力搜集藏书，进行仔细的校对、抄录，完成了完整的《永乐大典》本，拼凑恢复了500多部珍贵的文献。随后，官员们将清朝建立后历代帝王下令编写的敕撰本、明朝以来宫中的内廷本、各省先后买进的采进本以及私人进献的私人本，依照唐玄宗分四个书库藏储经、史、子、集四类书的例子进行分类整理。

从乾隆三十八年（1773年）二月到乾隆四十七年（1782年）六月，《四库全书》馆中参与编纂工作的官员们前后共花了10年的时间才终于编成。乾隆五十二年（1787年）六月，官员们又依照底本抄录了7份，并先后校对已经

纪晓岚书法
清初由于康熙、乾隆等人倡导赵孟頫、董其昌书法，当时大部分书法家多是受这种潮流所影响。纪昀也不能例外，他的书法在当时也占有一席之地，其书法书写流利，有着圆融的特点，雍容华贵的气质，书法大小相兼，收放结合，疏密得体，苍劲多姿，可以说是实用性和艺术性的完美结合。

完成编写的部分，补充新收集到的书籍。这项工作一直持续到乾隆五十八年（1793年）才算圆满收官，至此，《四库全书》总共收入3461种书，共计7.9309万卷（为《永乐大典》的3.5倍）3.6304万册，成为封建社会官方修订的规模最大的丛书。

> 少年中国史

1776年—1799年

和珅继用事，值高宗倦勤，怙宠贪恣，卒以是败。

——《清史稿·列传一百六》

和珅专权

> 为人臣子，理当勤政为民，礼贤下士。切忌弄权作威福，贪黩无厌，否则终有一日将引火烧身，身败名裂。

封爵
一等忠襄公

旗籍
满洲正红旗

特长
精通满、汉、蒙、藏四种语言，熟读四书五经

性格
精明能干、察言观色、善于理财，但贪婪成性

人物成就
政治：担任清朝外交要职
文学：创作《嘉乐堂诗集》

下场
获大罪20条，赐其于狱中自尽；
家产充公，其长子免受连坐

和珅像
和珅（1750年—1799年），钮祜禄氏，字致斋，满洲正红旗人。少年家贫，为文生员，因机灵善辩，仪表俊伟，精通满、汉、蒙、藏四种文字，深受乾隆帝赏识，历任显官，后升任军机大臣。因其秉政揽权，广收贿赂，后被嘉庆帝抄家，赐自尽。

平步青云

钮祜禄·和珅，字致斋，满洲正红旗二甲喇人。乾隆十五年（1750年）五月二十八日，和珅降生在福建副督统常保家中。据史书上记载，他3岁丧母，自幼家贫，但因祖上有军功，所以才得以承袭三等轻车督尉的爵位，并进入咸安宫的官办学校读书。他天资过人，通读四书五经，又精通满、汉、蒙、藏四种语言，因而深受老师吴省钦、吴省兰的喜爱。

乾隆三十八年（1773年），时年23岁的和珅得到乾隆帝的赏识而做了皇帝仪仗队的侍从。两年后，和珅又因乾隆帝的青睐先后被提拔为乾清门侍卫、御前侍卫，并担任正蓝旗满洲副都统。至此以后，和珅的仕途可谓是一帆风顺，扶摇直上。

当时乾隆帝久居高位，深感高处不胜寒的孤独滋味，身边的太监、宫女、妃

绝命诗

夜色月如水，
嗟而困不伸。
百年原是梦，
卅载枉劳神。
暗室难换算，
墙高不见春。
星辰环冷月，
缥缈泣孤臣。
对景伤前事，
怀才误此身。
余生料无几，
空负九重仁。
——清·和珅

嫔等，其文化层次都较低，几乎与他说不上话来，大臣们也只会在朝堂上奏对。因而像和珅这样一个既有着真才实学，能用满、蒙两语陪他聊天解闷，又懂得迎合讨好，能与他吟诗作对的臣子，乾隆帝自然是宠信有加。于是，和珅在乾清门只做了几年的侍卫便被乾隆帝提拔为户部侍郎、军机大臣，兼任内务府大臣、步军统领、崇文门税务监督、总理行营事务等要职，又封一等忠襄公，位极人臣。其发迹之迅速，在官场上实为罕见。

弄权敛财

然而，乾隆帝的信任与恩宠却成了和珅胡作非为、弄权敛财的利器。他将自己的弟弟和琳从一个小小的书吏提拔至工部尚书，封一等伯爵，并将那些上奏弹劾他的人逐一贬谪，或罗织罪名判处死刑。此外，他借崇文门监督的职位，向进京述职的各省官员索取税金，又设立"议罪银"制度，即贪官污吏若想逃避罪责，可以缴纳罚款免罪。

就连各地向乾隆帝进贡的奇珍异宝，他都要借口检查先挑走一部分，剩下的才让人拿进宫里。一次，两广总督孙士毅来京觐见乾隆帝，和珅正巧在

弘历妃及童年颙琰像

清郎世宁绘。爱新觉罗·颙琰（1760年—1820年），原名永琰，乾隆帝第十五子。少年时期的颙琰，学习成绩颇佳，年长后尤喜读诸史、通鉴，居然达到"上下三千年，治迹目了然"的程度。乾隆五十四年（1789年），被封为和硕嘉亲王。乾隆六十年（1795年）九月，被正式宣布立为皇太子，是为后来的嘉庆帝。他痛恨贪腐，不喜欢和珅，和珅对其一方面竭力讨好，一方面又积极培植势力遏制他的权力。乾隆帝去世后，嘉庆帝就把和珅及其党羽一举铲除。

宫门口看见了他。只见孙士毅手里拿着一个用明珠雕琢而成的鼻烟壶，那鼻烟壶看上去晶莹剔透，精巧美观，和珅心里无比喜欢，便问孙士毅能否送给他。孙士毅很是吃惊，他没想到和珅连进献给皇帝的东西都敢要，便对和珅说他已经事先报告给皇帝要进献此物了。和珅就打了个哈哈，笑着说自己是开玩笑的。结果没几天那个进献给皇帝的鼻烟壶就到了和珅的手里，他还特地拿到孙士毅面前炫耀。

和珅专权贪财，擅用私权，聚敛大量钱财，一半用来讨好孝敬乾隆帝，另一半则落入了自己的腰包。是以这位圣明睿智的一代明君，到了晚年几乎被和珅拿捏在了手里。

和珅的举止自然引起了许多大臣的不满。适时御史曹锡宝上奏，弹劾和珅的家奴刘全盖的房子过大，不合清朝制度。然而和珅早就接到消息，并提前令刘全连夜拆掉了大房子。于是第二天乾隆帝派人去查时，却发现并无此事，反而将曹锡宝革职查办。而另一位御史曾在巡城时借口说和珅的小舅子乘高车在市中横行无忌，不仅用鞭子将其痛打了一顿，还一把火烧了他的车子。这位大快人心的御史也因此被人称为"烧车御史"，但没过多久他就因为此事得罪和珅而丢了官。

权臣身死

嘉庆元年（1796年），嘉庆帝即位，乾隆帝退居太上皇，但嘉庆帝却只是名义上的皇帝，真

圣制平定台湾咏大埔林之战诗
和珅楷书。为了讨好乾隆帝，和珅在书法和诗文上造诣都很高，他的字和乾隆相似到了以假乱真的地步，乾隆后期有些诗匾题字，干脆交由和珅代笔。

正的实权还是掌握在乾隆帝的手中。因此，尽管嘉庆帝早在做皇子的时候就已经看不惯和珅的种种恶行，但此时的他依然不敢轻易扳动和珅。而和珅自己也清楚，如果乾隆帝一死，他也就失去靠山了。所以他一边继续依附乾隆帝，一边将他的私党吴省兰派到嘉庆帝身边，打着帮忙整理诗稿的名义监视嘉庆帝的言行举止，一旦有什么风吹草动便向乾隆帝告状，此外，他还私下使出许多限制嘉庆帝的手段。

和珅所做的一切嘉庆帝自然是心知肚明，他牢牢记在心里，但表面却丝毫不曾显露。为了麻痹和珅，他时常故意偏向和珅，表示自己对和珅的宠信。他还将自己向乾隆帝上奏的军国大事都交由和珅去代奏、转奏。

直到嘉庆四年（1799年）正月初三，时年89岁的乾隆帝逝世了，这意味着和珅唯一的靠山就此倒塌了。嘉庆帝见时机成熟，当即实行雷厉风行的还击手段。

他先让和珅与睿亲王等人一起总理国丧大事，以此切断和珅与其党羽的往来。接着秘密指示官员上奏弹劾和珅专权贪财等条条大罪，将其革职，打入大牢。随后，仪亲王永璇、成亲王永瑆在嘉庆帝的旨意下查抄和珅家产——房屋5所2790间、当铺75座、银号42座、古玩铺13座、玉器库2间，以及大量金银财宝。最后经会同审讯，共列举裁定和珅20条大罪，赐其"自尽"，了断了这位权倾一时的大贪官。

乾隆朝宠臣之傅恒与和珅

乾隆前期 傅恒	乾隆后期 和珅
约1720年—1770年，富察氏，孝贤纯皇后之弟，满洲镶黄旗人	1750年—1799年，钮祜禄氏，福建副都统之子，满洲正红旗人
以侍卫入仕，快速升迁至保和殿大学士，二十余岁，少年富贵	以管库大臣入仕，快速升迁至正蓝旗满洲副都统，二十余岁，少年富贵
平定金川、平准噶尔、督师缅甸，以军功至军机处首席军机大臣	因精明能干、聪明机敏至军机大臣
精通满文，提拔后进，办事勤慎，唯乾隆帝意旨是从，不专擅，掌握军机处23年，但喜好奢靡，执法不严	精通满、汉、蒙、藏四种语言，善于揣测乾隆帝意，打击异己，结党营私，恃宠弄权，独霸军机处25年，庇护贪官，收受贿赂，时人称之为"二皇帝"
病死时不足50岁，乾隆帝亲至祭奠	被抄家赐自尽时50岁，清廷皇室积聚了一大笔财产
儿子福康安亦因军功至武英殿大学士兼军机大臣	儿子丰绅殷德因娶固伦和孝公主只留袭伯爵，免死

1793年

五十八年，英国王雅治遣使臣马戛尔尼等来朝贡，表请派人驻京，及通市浙江宁波、珠山、天津、广东等地，并求减关税，不许。

——《清史稿·志一百二十九》

马戛尔尼使团访华

两大强国之间的正面交流，不同文明之间的正面交锋，本应是双方促进交流与发展的良机。然而"天朝上国"的自尊和自大，使清朝终究错过了这次放眼世界的大好机会。

时间

1793年

访华原因

英国政府想开拓中国市场，同时搜集中国情报

英国使臣

正使：乔治·马戛尔尼
副使：乔治·斯当东
中国传教士：李神父、周神父、安神父与王神父

清朝接待官员

马瑀（定海总兵）、张玉田（定海知县）、福康安（军机大臣）

结果

因清、英两国政治、经济、文化结构截然不同，双方为维护各自国家的社会制度、历史传统与各自利益而互不相让，最终致使外交谈判失败

英国来使

乾隆五十七年（1792年），英国国王乔治三世在东印度公司和在华商人的鼓动下，令勋爵马戛尔尼组建了一支800人的大型使团，乘船前往中国大清朝为乾隆祝寿，以达成两国之间的外交关系。于是，马戛尔尼一行人便携带了价值1300英镑的礼品，乘上军舰"狮子"号，与"印度斯坦"号等5艘轮船，自英国本土的朴次茅斯港出发，沿欧洲、非

乔治·马戛尔尼伯爵画像

乔治·马戛尔尼（1737年—1806年），英国政治家、外交家。1792年9月26日，被任命为正使，以贺乾隆帝八十大寿为名出使中国，这是西欧国家政府首次向中国派出正式使节。抵京后与中国礼部官员因觐见乾隆帝发生礼仪争执，最终双方达成协议，英国作为独立国家，其使节行单膝下跪礼，不必叩头。马戛尔尼要求清廷开放港口城市、减免关税、通商往来，俱被拒绝。事后马戛尔尼的随员安德逊说："我们的整个故事只有三句话：我们进入北京时像乞丐；在那里居留时像囚犯；离开时则像小偷。"

洲海岸南下,并于次年抵达大沽。随后,在清朝大臣的接应陪同下,马戛尔尼一行人乘坐木船,沿着海河与大运河自天津前往北京。

但当时乾隆帝正在热河承德避暑山庄避暑,是以马戛尔尼一行人又换乘马车赶往避暑山庄,这才得以谒见乾隆帝。

礼节之争

当时的英国在工业革命的进行下,其殖民地已经遍布各大洲,且国力强盛。因此,按照马戛尔尼的想法,英国既与大清是完全不同的两个主权国家,且这次出使也是打着祝寿的名义,那么也就不存在朝贡的关系。但大清的官员向来秉持"普天之下,莫非王土"的儒家观点,英国不过是又一个朝贡国罢了,就算是英国国王亲自前来也是一样的。显然,在他们的眼里,谁都不能与皇帝平起平坐。

因而两国之间的外交接触尚未开始,便发生了礼节上的冲突。清政府要求英国使臣以贡使觐见皇帝的礼

清高宗乾隆帝朝服像

马戛尔尼与他的使团跟乾隆帝的第一次见面
这次会面的翻译由画面右侧台阶下一位11岁的小男孩担当。

仪，向乾隆帝行三跪九叩之礼，马戛尔尼坚绝不同意。这一起礼仪之争从天津一直持续到了热河，虽然最终清政府让步，马戛尔尼以觐见英王的礼节，向乾隆帝单膝下跪行礼。

但乾隆帝非常不悦。他认为英国不过是海外蛮夷，却敢以自己国家的礼仪朝见宗主国，这让他颜面何存？此时清朝府对当时欧洲各国的社会经济的发展与近代资本主义的历史性进步一无所知，自然也不知道他们所谓的海外蛮夷俨然已经是西方的第一强国了。

谈判破裂

在此次访华中，马戛尔尼了解到清朝的物品也十分丰盈，但论科技却是无法与英国相比。是以为了彰显英国的强大国力，马戛尔尼给乾隆帝祝寿的礼品中，有19件都是当时世界上领先的科技产品。据《掌故丛编》记载，第一件礼品是一座西洋语布蜡尼大利翁大架，即日月星宿地球的全图，上面所承载的日月星辰与地球效仿天地运转，并依照天文地理的规律，在架上著有日食、月食、星辰的应遇时间。此外还有天球仪、地球仪、气压仪等足可代表英国工业革命成就与近代文明发展的物品。

马戛尔尼将这些作为贺礼，向乾

商团来京拜访
皇帝已经听说有一队商团来京拜访，并派员到通州迎接他们。随团而来的有一位专司记事与绘画的小职员叫约翰·纽霍夫，他用夸张的九十度鞠躬描绘了大清官员与这些商人的见面。

隆帝提出"开放天津等为口岸，实行自由贸易"，"准许英商像以前俄商一样，在北京设立商馆"等一些要求。诚然，在马戛尔尼提出的要求中，有一部分是针对改善贸易关系的正常要求，有一部分是具有殖民主义侵略性的。但这是一次古老封建的中国文明与西方现代先进科学技术的一次正面交流的机会，清政府应当认真研究，与对方进行谈判、修改，接受可以接受的要求。如此一来还能增进两国之间的交流与了解，缓解冲突。然而，清政府认为英国使臣送的礼品不过是"奇技淫巧"，并以"天朝物产丰盛，无所不有，原不藉外夷货物以通有无"，拒绝了马戛尔尼的要求，示意马戛尔尼使团回国。当马戛尔尼提出暂缓行程，举行谈判时，又遭到了清政府的拒绝。

于是，马戛尔尼使团与清政府之间连谈判都没有进行，其外交便宣告结束了，最终英国使团踏上了归程，回到了英国。

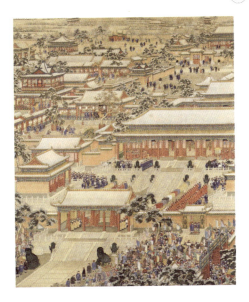

万国来朝图

现藏于北京故宫博物院，是画家们在乾隆帝的授意下，用来弘扬清朝政府的威德，展现"四夷宾服、万国来朝"的繁荣景象而作。大雪银装素裹下，太和殿前皇家侍卫身着华服、排列整齐，文武百官肃立静候待命；乾隆帝安闲地坐在后宫屋檐下靠椅上喝茶休憩，准备前往太和殿接见各国使臣；后宫内女眷们身着吉服悠闲放松，孩子们兴高采烈地嬉戏，太监宫女们忙而不乱；各国度、各民族朝贺宾客穿着艳丽的服装，外貌气质各自不同，带着琳琅满目、五花八门的贡品云集在太和门外，等候乾隆皇帝的接见。

马戛尔尼代表英国政府提出的七个请求

序号	内容
第一	开放宁波、舟山、天津、广州之中一地或数地为贸易口岸
第二	允许英国商人比照俄国之例在北京设一仓库以收贮发卖货物，在北京设立常设使馆
第三	允许英国在舟山附近一岛屿修建设施，做存货及商人居住
第四	允许选择广州城附近一处地方做英商居留地，并允许澳门英商自由出入广东
第五	允许英国商船出入广州与澳门水道并能减免货物课税
第六	允许广东及其他贸易港公表税率，不得随意乱收杂费
第七	允许英国圣公会教士到中国传教

> 1693年—1765年

少颖悟，读书饶别解。家贫，性落拓不羁，喜与禅宗尊宿及期门子弟游。日放言高谈，臧否人物，以是得狂名。

——《清史列传·郑燮传》

一枝一叶总关情

"四时不谢之兰，百节长青之竹，万古不败之石，千秋不变之人。"他的书法融入画法，画法参入书法，书画相和，显露的是一代文杰富贵不淫、贫贱不移的人格化身。

别名
郑克柔（字）、郑燮

职业
画家，曾为山东范县、潍县县令

主要成就
"扬州八怪"重要代表人物之一；
其诗书画，世称"三绝"

自称
四时不谢之兰，百节长青之竹，万古不败之石，千秋不变之人

代表作品
《板桥全集》《甘谷菊泉图》《兰竹芳馨图》《清光留照图》《墨兰图》《墨竹图题诗》

人物逸事
以怪出名
巧骂豪绅

坎坷身世

郑板桥（1693年—1765年），原名郑燮，字克柔，号理庵、板桥，人称板桥先生。康熙三十二年（1693年），郑板桥在一个小雪纷纷的日子里出生，家里自他出生后便开始走向衰落，仅靠微薄的祖产和少量的地租维持生活。不久，郑板桥的母亲去世，其乳母费氏（郑板桥祖母的侍女）将他一手带大，二人感情极深，直到郑家无力再支付费氏的工钱后，费氏才伤心地离开了。其后郑板桥的父亲娶了续弦，其继母视郑板桥为己出，待他十分尽心。

郑板桥的父亲是私塾先生，外祖父也知识渊博，郑板桥自小就跟着二人学习。在父亲的严厉教导下，他3岁识字，5岁学诗，6岁通读四书五经，9岁学会对对子，20岁拜入名师陆仲国门下，学习书

郑燮像
郑燮（1693年—1765年），字克柔，号板桥、板桥道人，江苏兴化大垛人。清朝官员、学者、书法家。

法绘画，吟诗填词。不到几年的工夫就成了当地有名的秀才，并依照父亲的指令早早娶妻。

娶妻后的郑板桥为了养家糊口，只得暂时放弃学业，终日画竹、兰，以卖画为生。然而卖画也挣不了几个钱，郑板桥便继承父业，开设私塾，有时也会到别人家里去教书。但是由于当地闹灾荒，村里原本也没有几个孩子上学读书，加上郑板桥名声并不响亮，渐渐地私塾也被迫关了门。其后，郑板桥的父亲也去世了，家里过着捉襟见肘的日子。接着债主索债，妻子亡故，郑板桥的生活一下子陷入了绝境，幸而有人帮助他，他才得以维持生计。

七品县官

郑板桥仕途十分不顺，多次参试都名落孙山。直到40岁那年才中举，43岁及进士，6年后，他被派到黄河边上的一个小县——山东范县，做了一个小小的七品县官。

郑板桥赴任时只带了一头毛驴、一个书童、一捆书和一些行李。据传当他到任后为了给县衙换换空气，让百姓的气息进到衙门里，就立即叫人在衙门的墙上打了几百个大洞。郑板桥行事也别具一格，当时官员出行都要鸣锣开道，讲究官仪排场，他却禁止在夜间出巡时鸣锣，也不用高举"回避""肃

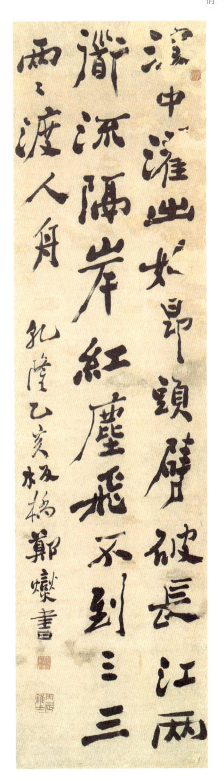

清·郑板桥·行书七绝诗轴
上书"波中卓出始昂头，裂破长江两道流。隔岸红尘飞不到，三三两两渡人舟"。款署"乾隆乙亥板桥郑燮书"，末钤"乾隆东封书画史"白文印、"丙辰进士"朱文印各一。

"静"的牌子,只是让人打着写了"板桥"二字的灯笼开道。他也不喜欢在衙门里办公,时常会跑到田间和田里的农民聊天,体察民情。他在范县在任的5年时间里廉洁爱民,亲政用心,当地百姓对他是敬重有加。但许多官员士绅却因此对他心存不满,就连他的好友也觉得他这些举动实在不像个县官。

不久后,时年54岁的郑板桥被调往潍县(今山东潍坊)做县令。当时潍县正逢灾害,百姓过着艰难日子,已经到了卖儿卖女的地步。郑板桥一上任便下令开仓济民,他的下属提醒他道:"依照制度您必须要经过上级批准才能开仓赈民。"郑板桥却怒然说道:"百姓正饱受饥饿,等到上级批复的公文下来,他们早就饿死了,要是有什么责任我一人承担!"郑板桥不仅打开粮仓,还令当地的大户人家开设粥厂救济百姓,并由县衙出资雇用百姓修缮公共建筑,以工代赈。在郑板桥的及时赈灾下,潍县的百姓才终于渡过了这个难关。"衙斋卧听萧萧竹,疑是民间疾苦声。些小吾曹州县吏,一枝一叶总关情。"在黑暗腐败的吏治下,郑板桥依然能保持初心,劳心为民,实属不易。

清·郑板桥·兰花竹石卷(局部)

纸本,水墨。卷首款署"乾隆二十七年花朝写于扬州",末钤"鹧鸪"朱文印一。卷末款署"板桥郑燮",末钤"郑板桥"白文印一,"爽鸠氏之官"白、朱文印一,"橄榄轩"朱文印一。现藏于上海博物馆。郑板桥自称"四时不谢之兰,百节长青之竹,万古不败之石,千秋不变之人",画映心声,充满了一种坚韧、蓬勃的生机。

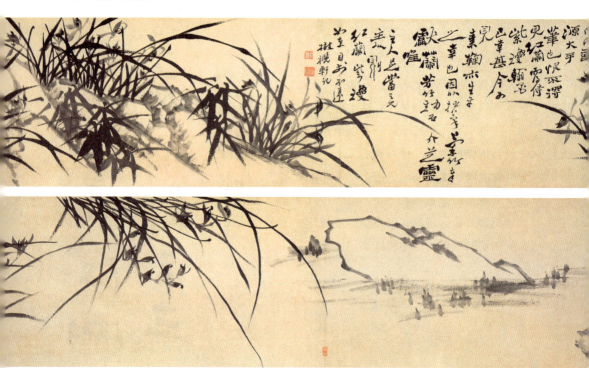

灾后，郑板桥见还有许多百姓食不果腹，便提议修建潍县城、文昌祠、状元桥。这样一来既能帮助百姓增加收入来源，又能加强县里的基础建设，教化百姓。他当即带头捐出360文钱，县内的士绅也只好纷纷捐钱。

卖画营生

郑板桥为官12年，勤政为民，正直清廉，但最终却因"请赈"一事得罪大吏，遭到县内士绅富商弹劾而被罢黜。他离任时百姓夹道挽留，但也只能眼睁睁地看着他带着3头毛驴、一些书籍和他的仆人离开官场。

随后，郑板桥来到文人之地——扬州，在那里以卖画营生。适时他名声在外，又居于"八怪"之一，求画者络绎不绝，但他一向对自己的画明码标价，拒绝还价。晚年时期的他一卖到钱就立即与友人周游四方，过得逍遥自在。直到乾隆三十年（1765年），他才安然逝世，葬于江苏兴化。

意在笔先

江馆清秋，晨起看竹，烟光日影露气，皆浮动于疏枝密叶之间。胸中勃勃遂有画意。其实胸中之竹，并不是眼中之竹也。因而磨墨展纸，落笔倏作变相，手中之竹又不是胸中之竹也。总之，意在笔先者，定则也；趣在法外者，化机也。独画云乎哉！

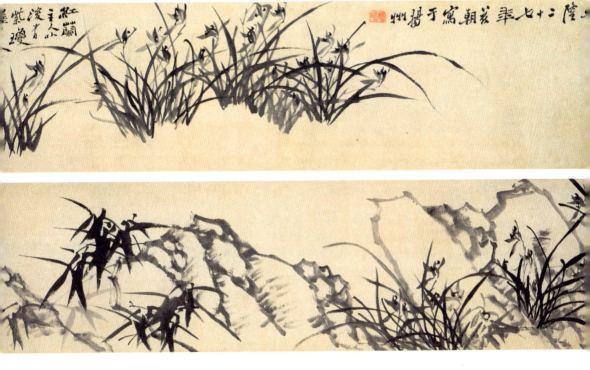

扬州八怪

清朝时期,扬州既是东南的经济中心,更是文化艺术的中心。是以人们无论贫富,都兴起了求书画悬之室中以示风雅的风潮,由此吸引并产生了大量的画家,其中声名最为显著的便是凭借独辟蹊径的立意、不落窠臼的画技、挥洒自如的笔锋和特立高标的个性闻名的,以"扬州八怪"为代表的扬州画派。这八人公认的是:汪士慎、郑燮、高翔、金农、李鱓、黄慎、李方膺、罗聘。

◉ 汪士慎

汪士慎(1686年—1759年),字近人,号巢林,又号溪东外史、晚春老人,安徽歙县人。他居于扬州靠卖画为生,喜爱画花卉,尤其擅长画梅,不论花枝是繁是简,都具有空裹之疏香,山林之妙趣。

清·汪士慎·《春风香国图》轴

清·李鱓·芭蕉竹石图

◉ 李鱓

李鱓(shàn)(1686年—1762年),字宗扬,号复堂,江苏兴化人。他曾于康熙年间中举,以绘画召为内廷供奉,但却因遭遇排挤、得罪大吏而被贬官。之后他便到扬州以卖画营生。其画风任意超然,风格独特,加上他尤其喜欢在画上题诗作文,使得画作更加丰富。

清·金农·人物山水图册·昔年曾见

● 金农

金农（1687年—1764年），字寿门，号冬心，浙江仁和（今杭州）人。他博学多才，精通篆刻、鉴定，擅长画山水竹梅，其中以墨梅最为突出。书法以行书和隶书最具特色，自创的"漆书"气韵磅礴。其浓厚的学养使他居于"扬州八怪"之首。

● 黄慎

黄慎（1687年—1770年），字恭懋，号瘿瓢，福建宁化人。他最擅长人物写意，尤其是将草书融入画中，使得笔姿更跳荡粗狂，风格更豪宕奇肆。黄慎的诗文、狂草书法、绘画被称"三绝"。

清·黄慎·麻姑献寿图

高翔

高翔（1688年—1753年），字凤岗，号西唐，江苏扬州府甘泉县人。他擅长画山水花卉，但为人淡泊，终身布衣。

郑燮

郑燮（1693年—1765年），字克柔，号板桥，江苏兴化人，进士出身，因为民请赈而得罪大吏，回到扬州后以书画谋生。他画兰、竹有五十多年，其造诣尤为突出。

清·高翔·梅花图轴

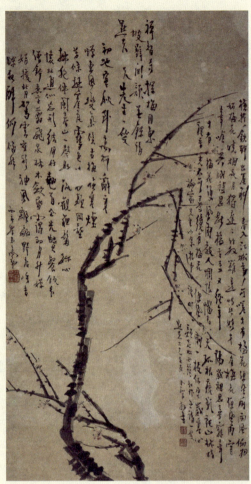

清·郑燮·竹石兰花图

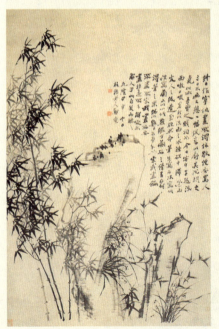

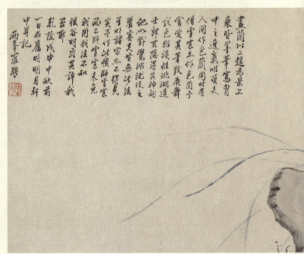

李方膺

李方膺（1695年—1755年），字虬仲，号晴江，通州（今江苏南通）人，是中国清代诗画家。善画松、竹、兰、菊、梅、杂花及虫鱼，也能画人物、山水，尤精画梅。其笔法苍劲雄厚，既简洁生动，又不拘于形似。

罗聘

罗聘（1733年—1799年），字遁夫，号两峰，安徽歙县人，是金农的入室弟子。他喜欢游历，无论是山水花卉、人物佛像，他无一不精。其笔调奇创，风格独特。在刻印方面也有独特之处。其妻、子均善画梅，人称"罗家梅派"。

清·罗聘·水仙竹石图　　　　清·李方膺·竹石图

1749年左右

> 其学尤精《文选》，诗赋援笔立成，夙构者莫之为胜。
>
> ——《文木先生传》

吴敬梓与《儒林外史》

举步维艰的困窘生活下阻挡不了他毅然执笔、坚定著述的决心，重重的挫折困难最终成就了他攀上"中国古代讽刺文学"的高峰。在这部悲喜交织、戏谑交融的故事里，他如实地揭露世态的丑陋，指摘时弊，同时予人深刻的批判与讽刺。

创作时间
1749年左右

创作背景
父亲去世，家道中落，科场失利，生活困窘。一连串的打击让吴敬梓看清封建社会清政府的腐败与八股文、科举制等种种社会弊端所带来的危害

全书规模
共五十六回

作品成就
中国古代讽刺文学高峰

作者名言
清官难断家务事
夫妻无隔宿之仇
三年清知府，
十万雪花银
自古英雄出少年

吴敬梓（1701年—1754年），字敏轩，号粒民，因为家中有"文木山房"，因而晚年时期又自称"文木老人"。康熙四十年（1701年），吴敬梓降生在安徽全椒的一个书宦世家里，其"家声科第从来美"，从曾祖父到祖父、伯叔祖等多为名公巨卿，其父亲吴霖起是个清廉正直、鞠躬尽瘁的好官。吴敬梓13岁丧母，14岁就跟着父亲到赣榆任所，并在父亲的直接监护下，接受严格的教育和培养。然而吴霖起却因不善于巴结上司被罢官回乡，随后在吴敬梓23岁高中秀才那年病逝，曾经鼎盛一时的吴家便开始走向衰落。

随着父亲的故去，吴敬梓的生活也发生了天翻地覆的变化。吴氏族人仗着人多势众，借口分家争抢遗产，其妻也因此抱恨逝世。而吴敬梓虽分得了一些遗产，但由于他"性富豪上，不习治生"，很快就将家产挥霍一空。在生活陷入窘境的同时，他的仕途也很不顺利。雍正七年（1729年），吴敬梓参

吴敬梓塑像

加滁州乡试预考勉强被录取，但在乡试时落榜。

雍正十一年（1733年），吴敬梓带着续弦离开了家乡，随后来到南京，在秦淮河畔的白板桥西落户，终日靠卖文为生，过着穷困潦倒的日子。"囊无一钱守，腹作千雷鸣"，有时候吴敬梓还要靠卖书来换米。到了寒冬，吴敬梓家里连用来御寒的柴火都没有，一家人只得到城墙边散步，运动取暖。

父亲亡故，家道中落，宗族诟谇，亲族疏远。这一连串的种种变故加上迁入南京后的生活经历，令吴敬梓深深地体会到了世态炎凉、社会腐败、官僚贪腐的丑陋现实。是以尽管他过着举步维艰的穷困生活，却依然借生病为由，推辞了安徽巡抚赵国麟的力荐，拒不参加博学鸿词科考试，拒绝入朝为官。在交游过程中，他结识了具有进步思想的程廷祚、樊圣谟等人。在朋友的影响下，吴敬梓也看清了时政的弊端与科举制度的危害。

贪庸腐朽的朝廷官僚，战事连绵的武装起义，冷血无情的文字狱案，黑暗封建的八股科举，还有笼络人心的政治手段与醉心功名的学者士子。吴敬梓都看在眼里，厌在心里。于是，他用真实而生动的描写，将这些封建文人、官僚豪绅、市井无赖等各种人物的丑陋行径，以及清政府的各种政治制度、伦理

清同治年间《儒林外史》版本

道德、社会风气等内容汇集于自己的小说之中，通过讽刺的手法对丑恶的事物进行深刻揭露，客观上否定了封建制度与礼教，鞭挞了八股与科举，最终形成了这部具有进步的民主思想的著作——《儒林外史》。

在《儒林外史》中，有被科举制度迫害得精神失常、内心扭曲的范进；有逐渐在黑暗社会的侵蚀下失其本质，沦为抛弃妻子、忘恩负义的卑鄙小人的贫寒青年匡超人；还有欺占他人田地与财产、终日坑蒙拐骗的严贡生等人。另外还有一些淳朴正义、诚恳忠厚的下层人民代表，例如不屑功名的王冕，虽为伶人但却心怀真诚善良的鲍文卿，以及老实淳朴的农村人卜老爹、牛老爹。两种人物之间形成反差，更加深了讽刺的效果。《儒林外史》被认为是中国古代讽刺文学的高峰。

1715年—1762年

乾隆中（一七六五年顷），有小说曰《石头记》者忽出于北京，历五六年而盛行，然皆写本，以数十金鬻于庙市。

——《中国小说史略·第24篇》

古今一梦尽荒唐

古人云："宝剑锋从磨砺出，梅花香自苦寒来。"前有勾践卧薪十年终复国，后有曹霑隐居十年著红楼。古今一梦中，看似荒唐的字里行间跳动的是一颗看透世态炎凉的心。

作品名
《红楼梦》（别名《石头记》《金玉缘》等）

作者
曹雪芹（曹霑）

文学体裁
章回体长篇小说

初版时间
1791年

文学地位
中国四大名著之一；
中国古典小说的巅峰之作

后世学问
红学

曹雪芹（1715年—1762年），名霑，字梦阮，号雪芹，辽阳（一说河北丰润）人。其先祖本是汉人，后来在努尔哈赤时期被俘虏，成为满洲正白旗"包衣"（家奴、奴仆）。直到清朝统一全国后，正白旗与正黄、镶黄两旗归入顺治帝旗下，并称上三旗，曹家便成了皇帝的家奴。

康熙、雍正两时期，曹家自曹玺（曹雪芹曾祖父）开始，祖孙三代四人世袭主政江宁织造，共达58年。曹雪芹的曾祖母孙氏曾是康熙帝的乳娘，祖父曹寅少年时期为康熙帝的伴读，后继任江南织造的同时兼任两淮巡盐御史，深受皇宠。曹家也逐渐发展成烜赫一时的官宦世家，位列南京第一豪门。

曹雪芹像
曹雪芹（1715年—1762年），名霑，号雪芹，又号芹溪居士、芹溪处士，中国著名长篇小说《红楼梦》作者。康熙五十四年（1715年）生于南京织造世家。13岁时，其叔父曹頫因经济亏空案被抄解归京，先在崇文门外蒜市口居住，几经搬迁，于乾隆九年（1744年）回到香山正白旗祖居。曹雪芹在这里过着清贫的生活，并遭中年丧妻、晚年夭子之痛。

清·孙温·《红楼梦》插图

康熙帝逝世后，失去了靠山的曹家便走上了由盛及衰的下坡路。当时的曹家因此前接待康熙帝四次南下，加上家眷奢靡无度、应酬送礼，致使家中经济出现巨大亏空。雍正帝时，曹家因"骚扰驿站案""织造亏空案"被革职抄家。曹雪芹只得随家人迁回北京老宅，其后又移居北京西郊，至此开始过着赏花觅诗、唱和卖画、买醉著书的隐居生活。

曹雪芹迁到西山脚下时，离他居所不远的地方有一家名叫"退翁亭"的茶馆。曹雪芹很快就成了茶馆里的常客，时常"举家食粥酒常赊"。直到晚年，曹雪芹的好友敦诚劝他专心著述。而曹雪芹也没有辜负好友的期望，在隐居西山的10多年穷困潦倒的日子里，凭借其坚强的毅力，最终在继承民族文化传统的基础上完成了巨著《红楼梦》。

《红楼梦》全书篇幅宏大，人物关系错综复杂。然而曹雪芹对人物精雕细琢，刻画得鲜活灵动，对情节密织成网，通过爱情婚姻纠葛，将众多人物与时间串联交错。一方面以贾宝玉与林黛玉的爱情悲剧，以及与薛宝钗的婚姻悲剧为内容，深度剖析造成此等悲剧的社会根源；另一方面以贾府的兴荣与衰败历程，构筑了一个广阔的社会生活平台。这两方面相结合，以此披露封建社会后期的丑陋罪恶与矛盾，预示其封建制度必将崩盘的命运，使《红楼梦》一跃成为中国古典小说现实主义的高峰。

红学学派之别

派别名称	代表人物	主要观点
索隐派	蔡元培	视《红楼梦》为政治小说，推论小说中人所影射的历史人物
考评派	胡适、周汝昌	视《红楼梦》为曹雪芹的自传，考证曹雪芹的身世，来说明《红楼梦》的主题和情节
斗争论	李希凡	视《红楼梦》为历史文件，深刻反映了封建社会的阶级斗争
文学批评派	王国维	视《红楼梦》为文学小说，注重小说作者在艺术创作上的意图，并通过全书的结构加以发掘

1723年—1777年

从婺源江永游，震出所学质之永，永为之骇叹。永精礼经及推步、钟律、音声、文字之学，惟震能得其全。

——《清史稿·戴震传》

前清学者第一人

正如戴震所言："人之幼稚，不学则愚。学以养其良，充之至于圣照、贤人。"因此即便是仕途不顺，屡试不第，他也仍愿将这短暂的一生奉献给对学问的追求。

擅长领域
音韵、文字、历算、地理、义理

著作
《孟子字义疏证》

美誉
前清学者第一人；
中国近代科学界的先驱者

人物成就
清朝著名语言文字学家、哲学家、思想家；
《四库全书》纂修官

纪念遗址
戴震纪念馆

戴震公园
戴震墓

戴震（1723年—1777年），一字东原，二字慎修，号杲溪，休宁隆阜（今安徽黄山屯溪区）人。其祖先曾是唐朝的大官，但自曾祖父之后，戴家就再无人入朝做官了。而戴震自幼聪敏，过目成诵，10岁起便日读千言，17岁研习《说文解字》，凭借自学打下了坚实的文学基础，就连他的私塾老师都称赞他是"非常儿也"。

戴震18岁时随同父亲到江西南丰，先得"先师"程询授业，随后师从年过六旬的音韵学家江永。他先后著成《筹算》《考工记图注》《勾股割圜记》《六书论》《周髀北极璇玑四游解》等文，在诗词、音韵、考据学、文献学、校勘学等领域都有了深入的研究，更精于声韵训诂、名物制度、经

戴震像
戴震（1723年—1777年），清代著名语言文字学家、哲学家、思想家。《四库全书》纂修官。治学广博，音韵、文字、历算、地理无不精通，又进而阐明义理，其视个体为真实、批判程朱理学的思想，对晚清以来的学术思潮产生了深远影响。梁启超称之为"前清学者第一人"，梁启超、胡适称之为中国近代科学界的先驱者。

籍考证、天算地理等多方面领域的知识，甚至创造性地阐发了唯物主义的哲学思想体系。

乾隆二十年（1755年），戴震迎来了他人生当中的一大转折点。他因"避仇入都"来到京城，并结识了纪昀、钱大昕等人。而这时，礼部侍郎秦惠田正在编撰《五礼通考》，将戴震的《勾股割圜记》《考工记图注》全部刊载、刻印进去，戴震也因此名震全京。

次年，戴震留在京城中，授学于吏部尚书王安国之子王念孙。直到第二年王国安去世，戴震才离开京城，南下前往扬州，并结识了扬州两淮盐运使卢见曾与惠栋。适时，考据学因其居住的地域差距以及学术的有所同异，而分为吴派、皖派两大派。戴震是皖派大师，惠栋则是吴派大师，是以他们结识对学术的研究是十分有意义的。然而可惜的是，惠栋于乾隆二十三年（1758年）逝世，终生未出仕。相比之下，戴震的科考之路也是坎坷重重。

戴震29岁时才入学为秀才，40岁才在乡试中举，此后他6次入京参加会试都未能中选，这对于当时久负盛名的戴震而言无疑是一个打击。对此，他曾在为汾阳人王辑五写墓志铭的时候借题发挥，揭露了科举之士掇拾科名，争趋利禄的弊病，并抒发了自己内心的郁闷。但科举是唯一正途出身的途径，又

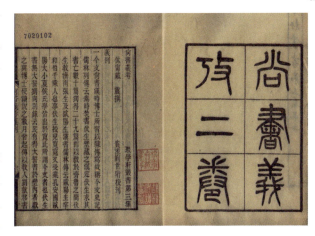

刻本《尚书义考》二卷

清戴震撰，民国贵池刘世珩校本。在书中，戴震对经文异同的考订，一丝不苟，于词语训释，广采汉人传注，对宋以后训释也有所甄择，客观，没有门户之见，足见一代宗师气度。

不能轻易放弃。是以戴震自41岁起，直到55岁一直往来于南北之间。

50岁那年，戴震会试再次不第，便前往浙东金华书院讲学，并写下《孟子字义疏证》的初稿《绪言》。其后，在纪昀、裘曰修的力荐下，任四库馆纂修官，后赐进士出身，封翰林院庶吉士，从事《四库全书》编纂。

在四库馆中，戴震尽职尽责，鞠躬尽瘁，无论是加案语、写提要，还是校勘、补漏、删减，他都做得极其出色，因而颇受乾隆帝的赞赏。此后戴震更是全力以赴，利用优越的藏书条件，对涉及天文、算法、地理、文字声韵等方面的书进行精心研究、考订。直到乾隆四十二年（1777年）五月二十七日，戴震在北京崇文门西范氏颖园逝世，可以说是"死于官事"。

▶ 1799年

天吏逸德，烈于猛火，歼厥渠魁，胁从罔治。旧染污俗，咸与惟新。

——《尚书·胤征》

▍咸与维新

滴水不成海，独木难成林。更新旧制、整顿朝堂并非朝夕之事，嘉庆帝的苦心和努力，在习惯的大齿轮下，终究变成了一场镜花水月。

词意
原意指让沾染恶习的人改过自新，后指更新旧制

前因
各级督抚、官僚贪赃受贿，盘剥百姓，尸禄保位；
朝中奢侈之风、腐败之气日益严重

主要倡导人
爱新觉罗·颙琰（嘉庆帝）

倡导时期
嘉庆四年（1799年）正月（嘉庆帝亲政后）

倡导政策
诏求直言，开通言路；
据实陈报，纤悉无隐；
诏罢贡献，崇俭黜奢；
身先节俭，崇奖清廉；
力戒怠惰偷安，勤求治理

结果
朝中的奢侈之风、怠惰之气依然有增无减

广开言路

所谓"咸与维新"，即指除旧更新。嘉庆四年（1799年）正月，清高宗乾隆帝逝世后，嘉庆帝正式亲政，随即以清除和珅为契机，竖起了"咸与维新"的旗帜，并开始着手肃清内政。

在嘉庆帝看来，要想治理好一个国家，就必须"明目达聪，广为谘诹，庶民隐得以周知"。因此，他首先诏求直言，开通言路，谕令："凡九卿科道有奏事之责者，于用人行政一切事宜，皆得封章密奏，俾民隐得以上闻，庶事不致失理，用付集思广益至意，"以倡议朝臣畅所欲言，多提合理化建议。同年五月，

清嘉庆·粉彩木纹釉花卉纹包袱瓶
内施白釉，外罩仿木纹釉，釉上彩绘皮球花纹，肩部于包袱纹上描金绘团形锦地花卉纹，口沿和足墙部红地描金绘回纹一周。绘制精细，色彩艳丽。底部饰青釉，红彩书"大清嘉庆年制"六字篆书款。现藏于英国维多利亚和阿尔伯特博物馆。

嘉庆帝又许下"不罪言者,以旌直言"的承诺,起复乾隆朝以言获罪的官员,重任敢于直言纠劾的官员。例如御史曹锡宝,嘉庆帝盛赞他敢于在和珅权势滔天之际依然直言不讳的勇气,特加恩追封他副都御史衔。又例如内阁学士尹壮图,乾隆五十五年(1790年)十月,尹壮图上奏揭露各直省仓库亏空,各督抚借词遮掩,排斥正直,剥削百姓,致使人们生活在水深火热之中的腐败行径。乾隆帝随即派人与尹壮图前往各省秘密盘查,然而各省官员早已接到消息,事先就做好了手脚。最终,尹壮图因为查不到证据而被革职治罪。嘉庆帝亲政后,便以尹壮图的"敢言之举"而令其"即行来京候旨擢用"。

在嘉庆帝的一系列实际行动下,朝中官员都看到了他诏求直言、广开言路的决心,于是在接下来的一段时间里,朝堂中上至群臣,下至末吏平民,都纷纷指陈时弊,言路大开。关于国事的,凡是切中事宜的大多予以采纳;关于弹劾的,凡经查证确实过的都施行惩处;对于据实上陈、直言无隐之人,皆会给予鼓励与提拔。以河南偃师县民人杨道纯为例,嘉庆四年(1799年)九月,杨道纯上奏,提出"除积弊、苏民困、固国本""仓库漕粮,实国之本而弊最大,请降旨严行饬禁"等建议。嘉庆帝对此十分赞同,当即下令将其"以从九品未入流,交与直隶总督胡季堂差遣委用,遇有缺出,再行咨补"。

骂廷臣诗

满朝文武著锦袍,
闾阎与朕无分毫。
一杯美酒千人血,
数碗肥羹万姓膏。
人泪落时天泪落,
笑声高处哭声高。
牛羊付与豺狼牧,
负尽皇恩为尔曹。
——嘉庆七年御制

嘉庆帝朝服像
面对乾隆末年危机四伏的政局,嘉庆帝打出"咸与维新"的旗号,整饬内政,整肃纲纪。诛杀权臣和珅,罢黜、囚禁和珅亲信死党。诏求直言,广开言路,祛邪扶正,褒奖起复乾隆朝以言获罪的官员。要求地方官员对民隐民情"纤悉无隐",据实陈报,力戒欺隐、粉饰、怠惰之风。但其对内政的有限整顿,未能从根本上扭转清朝政局的颓败。

力戒欺隐

过去,许多地方官员为了博取皇帝的青睐而热衷歌颂功德,欺隐粉饰民情。嘉庆帝为了能扭转这种官场作风,遂谕令地方官员对民隐民情"据实陈报,纤悉无隐",以戒除欺隐粉饰之风。适时浙江巡抚玉德上奏"甘雨普霑,粮价平减",嘉庆帝便趁机对臣子们说道:"这样的奏报绝不能粉饰遮掩而过,朕必须了解到真实的民生疾苦。尔等大臣,敬志毋忘。"然而没过多久四川布政使林奏称说"川省得雪,民情安贴",嘉庆帝尤其痛恨一些地方官员讳灾不报的行为,他早已知晓川省之地百姓贫苦,又怎么会是"民情安贴"呢?于是他再次告诫各督抚:"朕希望你们能如实上奏这些情况,如果还是粉饰真相取悦朕,那么朕又从何得知民间疾苦?从现在起你们务必说实话,慎志勿忘。"

嘉庆五年(1800年)一月,云南威远一带水灾严重,冲毁无数房屋、农田,致使数十名百姓被淹死。然而这等大事云南巡抚江兰却故意隐瞒,即便是嘉庆帝经多次查证确实,他也依旧不据

清·徐扬·姑苏繁华图
又名《盛世滋生图》,长12.41米,描尽清乾隆时最为繁盛的苏州城和江南的风物人情,有山川、城郭、街巷、桥梁、河道、码头、寺院、庙坛、衙署、民居、店面,有舟楫、学塾、戏台、招牌,还有婚娶、宴饮、雅集、授业、科考、出巡、演艺、田作、买卖、渔罟、造屋以及命相、测字、化缘等场面,是苏州作为江南地区经济、政治、文化中心的一个真实再现。现藏于辽宁省博物馆。

实陈奏,反而还说灾区收成极好。嘉庆帝遂以江兰"恶意讳灾、玩视民瘼"之罪将其革职,遣其即行回籍。之后嘉庆帝特地颁布谕旨,严诫督抚讳灾:"地方如有水旱等灾害,各督抚应及早驰奏,蠲赈兼施,用苏民困。在歉收、旱潦成灾时务必飞章入告,纤悉无隐,如有粉饰遮掩者,当以江兰为前车之鉴,立即惩办。"

嘉庆帝谕令一下,言出法随,严厉惩治那些讳灾不报的地方官员。

黜奢崇俭

清朝有个俗例,即督抚大臣进京觐见,必须向皇帝进献贡品,以此邀宠,而京中的大吏也采用了这个规矩。一时间各大官员为讨好上级争相送礼,屡次征加百姓赋税。此前乾隆帝虽有两次明令禁止过此等行为,但由于乾隆帝本人晚年迷恋声色,逸佚崇奢,加上和珅揽权受贿等诸多原因,致使禁令形同虚设,官场奢侈腐化之风日益严重。因此,嘉庆帝亲政后立即诏罢贡献,崇俭黜奢,以期改变社会风气。他说道:"外省备办的各种贡物,难道都是自己出钱买的吗?这一定都是从州县那里搜刮来的,而州县必定又是压榨剥削百姓得来的。以闾阎有限之脂膏,供官吏无穷之脧削,这让百姓如何生存?何况这等东西既不能用来填饱肚子,也不能抵御寒冷,朕视之直如粪土也。"

与此同时,嘉庆帝还下令免除年节呈进如意的旧例,警告诸臣,如果

再进献所禁之物，当论罪惩办，决不姑息。

躬行俭德

自嘉庆帝亲政以来，他始终坚守"以粟米布帛为重，不贵珍奇"的原则，遵循其师朱珪的"君心正而四维张，朝廷清而九牧肃。身先节俭，崇奖清廉，自然盗贼不足平，财用不足阜"的教诲，躬行俭德，为百官做出榜样，以期遏止朝堂的奢侈之风。嘉庆四年（1799年），林宁上奏休整盛京夏园行宫，以备嘉庆帝巡幸行围时驻跸。但嘉庆帝不但拒绝了林宁的提议，还下旨拆卸行宫，将木料用来修葺盛京宫殿。

在历往皇帝巡幸时，地方官员都会在沿途搭盖假山、假亭，修葺沿途村庄庐舍，以求点缀，涂饰遮蔽。嘉庆帝对此行径十分厌恶，他认为，只有在途中看到百姓居所原本的面貌，才能体察到当地的民生疾苦。遂于嘉庆十四年（1809年）下令，禁止官员设置戏台、杂伎、假山、假亭等一切点缀。

嘉庆十六年（1811年），时年50岁的嘉庆帝因御史景德"奏请在城内演戏设剧十日为其祝寿"而将其革职，发配盛京派当苦差。随后，嘉庆帝先后谕令各地派京庆寿之人禁止进献珠玉陈设，禁止兴修行宫。

勤求治理

乾隆中叶以后，朝中吏治败坏，政以贿成。各省督抚"或于应办事件藉口行查，经年累月尚未完结，其废弛积习犹为牢不可破"；各级官员尸禄保位，"以疲软为仁慈，以玩愒为风雅，徒博宽大之名，以行徇庇之实"；各部院衙门明哲保身，少有直言陈事者。

为力戒怠惰、偷安的官风，嘉庆帝便以身作则，勤求治理，一日万机，罔敢暇逸。他自当政以后从不曾耽搁政务。即使是嘉庆十三年（1808年）四月二十一日，内阁因皇长孙降生而有两日未曾进呈刑名本章，嘉庆帝便立即传旨申饬，指出"政务殷繁，不容稍有旷误"。

在嘉庆帝执政的这二十多年里，他始终以身作则，节俭如一，可谓是用心良苦。然而他的所作所为却并没有打动文武朝臣，朝中的奢侈之风、怠惰之气依然有增无减。嘉庆帝对此既感到无力又深觉有苦难言，他在给皇子旻宁的密谕中告诫道："后世子孙若能体会到朕的用心，一定要力除此弊，法朕之行，完成朕没有做到的事情，造次无忘不迩声色之谕，这将是我大清臣民的福气。"

孝和睿皇后像
孝和睿皇后（1776年—1850年），满洲镶黄旗人，姓钮祜禄氏，为嘉庆帝的第二任皇后。其明礼知义，识大体，颇受乾隆和嘉庆两代皇帝的肯定，嘉庆朝皆称她为贤后。在位19年，嘉庆、道光两朝内，她在后宫地位最高，无人能及，同时也是有清一代坐在皇后之位上最长久的一位。

1804年

白莲教者，奸民假治病持斋为名，伪造经咒，惑众敛财，而安徽刘松为之首。

——《圣武记·嘉庆川湖陕靖寇记四》

白莲教起义

奸吏当道，贫富分化，一边是饥不果腹的百姓，一边是奢侈无度的贵族。当矛盾激化时，宗教信仰就成了一面扩散最快的旗帜，积重难返的清王朝不得不面临统治上的一次重大考验。

时间
1804年

发生地点
川楚陕三省一带

起因
乾隆末年，清政府大肆捕杀白莲教教徒，激起民怨，白莲教以"官逼民反"为号召发起大规模起义

参战兵力
起义军：约40万
清军：约20万

主要指挥官
起义军：姚之富、王聪儿
清军：富察·明亮

起义结果
起义军：起义失败，剩余兵力不足2.4万；
清政府：耗资2亿两白银，折损16省的数十万军队，10余名提督、总兵等高级武官以及副将以下400余名中级武官牺牲

白莲教起义遗址天子殿
建于明代，位于四川重庆永川茶山竹海风景区。

官逼民反

乾隆后期，由于人口增长迅速，土地兼并严重，加上官僚地主强取豪夺，致使大批流民被迫聚集四川、湖北、陕西三省边境地区，过着清贫如洗、举步维艰的苦日子。而那些封建统治阶级却依然骄奢淫逸、贪污横行，致使百姓不满与反抗的情绪日益增剧。

适时，明清的一个秘密宗教组织——白莲教趁机宣扬弥勒佛"改造世界"一说，提出"穿衣吃饭不分你我""教中所获资财，悉以均分""有患相救，有难相死"等一系列互助、平等思想，使那些生活在水深火热之中的流民纷纷归附。白莲教因此

日渐壮大，甚至不断密谋起事反清，对清政府的统治俨然构成了严重的威胁。因此，清政府便下令大规模搜捕白莲教徒，一经发现就予以血腥镇压。

大批教首、教徒因此遇害，此外不少地方官员借口捉拿邪教教徒为名，背地里对百姓勒索敲诈，致使怨声载道。终于，各地白莲教教首以"官逼民反"为口号，带动各地教徒发起了大规模的白莲教起义。

嘉庆元年（1796年）正月初七，湖北宜都、枝江一带首领张正谟、聂杰人等人首先在当地揭竿起义，长阳、来凤、当阳、竹山等县教徒也随后起事。同年三月，王聪儿、姚之富在襄阳发起暴动。他们大多以山寨或县城作为据点各自作战，因此许多据点被清军逐个击破。而只有襄阳凭借其流动作战的策略，一举成为湖北起义军的主力。在湖北起义军的影响下，十月，徐天德在四川起事，随后冯得仕率众于陕西起义。

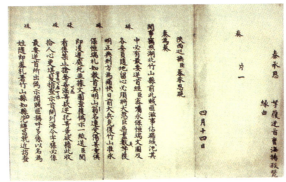

拿获白莲教首领的奏折
嘉庆元年（1796年）四月十四日，山西巡抚秦承恩关于拿获白莲教首领的奏折。

起义军里的女英雄

襄阳白莲教的首领是王聪儿，她

白莲教

性质	跨越多个朝代的秘密民间宗教组织
名字由来	佛教的净土宗，相传净土宗始祖东晋释慧远在庐山林寺与刘遗民等结白莲社共同念佛，后世信徒以为楷模。北宋时期净土念佛结社盛行，多称白莲社或莲社
起源	宋高宗绍兴三年（1133年），由茅子元创立的佛教净土宗分支白莲教
基本教义	崇奉阿弥陀佛，不杀生、不饮酒，禁食葱乳，严守护生之戒
主要教徒	中国下层老百姓
主要起事	元朝以弥勒佛下生救世传说，逐渐融合白云教、明教等教义，多次聚众起事，元末以韩山童父子、朱元璋起义影响最大，明朝白莲教遭到取缔和严判，最出名的当属山东唐赛儿起义，随后有数十种民间宗教在民间流传，或组织暴动，它们或多或少都带有白莲教的印记，均以失败而告终，清朝时白莲教支派名目达百余种，主要崇拜无生老母，教义更加芜杂，乾隆后期是其鼎盛时期，虽然引发的起义没有成功，但极大地损耗了清朝的国力，尤以川楚教乱为最，由此清朝走向了衰落

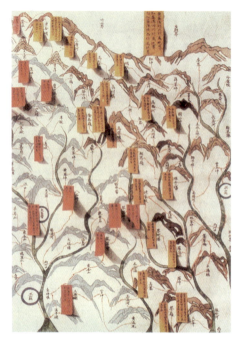

镇压白莲教起义的布防图

本是一名江湖艺人，后与母亲流落襄阳，加入了白莲教。其丈夫是襄阳白莲教总教师齐林，因起事的消息走漏而被清政府杀害。王聪儿遂承其遗志，带领襄阳地区白莲教徒对抗清军。她虽是女流之辈，但治军严明，行军作战更是毫不含糊，因而深得民心，所带领的队伍也日渐壮大。

王聪儿带领起义军流动作战，行踪飘忽不定，时而突然袭击，时而化整为零，晕头转向的清军几乎是被她牵着鼻子走。嘉庆二年（1797年），王聪儿兵分三路向四川转移，与四川起义军在东乡（今四川宣汉）会师。虽然统一分号设职，但起义军并未真正连为一体，仍然分开作战。随后，王聪儿带领襄阳起义军奔赴陕西、湖北、河南等地。

次年三月，王聪儿率兵进入湖北，却在郧西县三岔河遭遇清军。但她丝毫不见慌张，而是沉着冷静地指挥大军突围，边打边撤，一路退到了茅山山顶。此时起义军仅剩十几人，前有清军，后有山崖，眼看着突围是不可能的事了，王聪儿便带领姚之富等剩下的十几名人毅然跳下悬崖，时年22岁。

平定起义

王聪儿死后，张汉潮带领余部与同样遭到重创的四川起义军联合，继续抗敌。

嘉庆四年（1799年），清廷任勒保为经略大臣，富察·明亮、瓜尔佳·额勒登保为参赞大臣，指挥管辖川、陕、楚、豫、甘五省官军进击，并令州县组织团练（乡兵，古代地方民兵制度），采取"坚壁清野，剿抚并施"的策略，切断起义军粮草，遏制其流动作战的优势。因此，到了嘉靖五年（1800年）三月后，起义军开始转入低潮，人数从十几万减至几万人。到了次年下半年，起义军剩余不到两万四千人，转战于川楚陕边境地区的深山老林之中，艰苦作战。

直到嘉庆九年（1804年）九月，这场历时9年、遍及四川、湖北、河南、陕西、甘肃等地，波及了大半个中国的白莲教起义终以失败告终。清政府最终平定了这场起义，但也为此付出了极为惨痛的代价。

汪近圣鉴古斋松烟墨

汪近圣,号鉴古,是清代制墨名家,徽州绩溪县尚田村人,其制墨工艺之精、造型之巧,当时成为一绝。此批墨是嘉庆皇帝专门定制于鉴古斋,每一块墨都是为了纪念皇家园林里的某个亭子或大厅,纯粹装饰件而不为使用。现藏于美国纽约大都会艺术博物馆。

1820年—1827年

现在张格尔窜逃未获。难保不乘间窜伺。所有派防调兵事宜，均须庆祥随时察看情形。

—— 《清宣宗实录·九十至九二》

平定张格尔叛乱

机会是一柄双刃剑，它既会给予胸怀大志的野心家实现雄心壮举的可趁之机，也会变成镜花水月让人体会到竹篮打水一场空的绝望。在强大的帝国力量面前，张格尔的叛乱最终成了清廷一统新疆的跳板。

时间
1820年—1827年

地点
新疆

事件起因
乾隆年间，大小和卓叛乱战亡，大和卓之孙张格尔，借助英国侵略势力，企图恢复和卓家族对新疆南部的统治权

主要指挥官
清军：庆祥、舒尔哈善
叛军：张格尔

战事结果
清军成功平定叛乱，张格尔被押赴北京，在午门举行献俘仪式

后续政策
安定秩序，平息骚乱；
改良耕地方式，为驻军开辟财源；
禁商政策，禁止浩罕商品通过伊犁和塔尔巴哈台

嘉庆时期，清政府吏治日益腐败，清朝驻新疆地区的各级官员（办事大臣、领队大臣、侍卫及章京等满族大员）役使回人，自恣威福，又与当地伯克（首领）勾结，增重赋税，中饱私囊。其倒行逆施，横征暴敛的行径终于激起当地维吾尔族百姓的强烈反抗。与此同时，原本匿居于浩罕，随后又辗转于喀布尔的大和卓木波罗泥都的孙子张格尔，在英国殖民者的支持下意欲从清政府手中夺回和卓家族昔日在南疆（新疆南部）的统治。

嘉庆二十五年（1820年）九月，清朝驻新疆地区的参赞大臣斌静因荒淫无度、残暴压迫的丑行而引起当地民众的强烈不满。张格尔借此趁机煽动当地民众叛乱，纠集数百寇边。清廷领队大臣色普征额率兵进击，歼灭数百人，张格尔只好带着剩下的二三十人逃往浩罕。随后张格尔收下由英国殖民主义者提供的装备，积极组织训练军队，准备再次踏入南疆。

道光四年（1824年）秋至道光五年（1825年）夏，张格尔屡次骚掠近边，一旦碰见清军来剿便立即撤逃。九月，清朝领队大臣色彦图带着200名清军出塞追剿张格尔，结果一无所获，色彦图随即杀害

百余名无辜的游牧布鲁特牧民妇孺。布鲁特头目汰劣克得知后极为愤怒，当即率领2000名部众将色彦图等官兵尽数灭于山谷中。随后道光帝以贪淫虐杀回民罪，处死静斌、色普征额。

在英国殖民者的扶持下，张格尔的叛乱势力日益猖獗。道光六年（1826年）七月，张格尔率领500名部众从开齐山路回到位于喀什噶尔（今喀什）城北的阿尔图什（今阿图什），以礼拜其先人和卓木之墓为名，煽动当地群众反清。清朝领队大臣乌凌阿率千人兵马前去围剿，却被张格尔突围遁走。

叛军日益壮大，这时，浩罕首领带着万人兵马赶了过来。此前张格尔曾许诺浩罕首领"子女玉帛共之，且割喀什噶尔酬其劳"，与其约定攻破西四城。但眼下张格尔探听到清军在喀什噶尔的力量十分单薄，遂背弃前约。浩罕首领愤其背约，便在境内将攻势对准了张格尔的叛军。

同年八月，张格尔带领部众一路攻陷喀什噶尔、叶尔羌、英吉沙尔、和阗，回部城镇连遭战火袭击，当地民众因此苦不堪言。清政府此时也感觉到了张格尔对清廷在新疆地区的统治的威胁，于是便遣军入疆平叛。他起用署陕甘总督杨遇春、固原提督杨芳等为将帅，筹集充足的粮草、弓矢、枪炮、马驼，以3万多兵马出征平乱。

适时，张格尔已是"须索科派，人心离散""暴虐已极，众心怨恨"，而清军则是赏罚公允、严明军纪、抚剿并行。因此，清政府仅用了5个月的时间就成功地平定叛乱，收回了张格尔占领的西四城，张格尔也最终于道光七年（1827年）十二月被擒获。

战后，道光帝结合群臣的意见，推行了一系列善后政策。他下旨要"重抚绥"，明文制定各回城补放伯克制度，造具四柱清册（劳绩、资格、人才、家世），出具切实考语，由参赞大臣验看应升应补之人，以妥善解决各回城伯克的自治问题，杜绝边吏和伯克剥削回民的行径。此后若是各城大臣仍有侵削之举，即照乾隆年间的规定立即处办。经过这一系列善后之策的实行，西部边陲地区才终于恢复了安宁。

清·平定回疆战图册（局部）

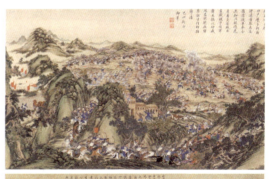

1768年—1831年

王清任著医林改错。以中国无解剖之学，宋、元后相传脏腑诸图，疑不尽合，于刑人时，考验有得，参证兽畜。未见西书，而其说与合。

——《清史稿·列传二百八十九》

医学家王清任

一代杰出的医学革新家，只因为为了更正古医书上的错简衍脱之处，便冲破藩篱，冒着因循守旧、尊崇孝恕的重压奔赴刑场数十载，不避脏污钻研器脏，最终成就医学奇作。其不囿旧说，大胆创新的精神实可钦佩，令后世之人感叹折服。

别名
王全任、王勋臣

人物身份
医学家、解剖学家

代表著作
《医林改错》

学术成就
专攻活血化瘀治则，创立了很多活血逐瘀方剂；
订证古代解剖学中的许多讹谬

人物逸事
痴迷尸体
在命案现场学习

名言警句
著书不明脏腑，岂非痴人说梦；
治病不明脏腑，何异盲子夜行

王清任（1768年—1831年），字勋臣，出生在直隶省（今河北省）玉田县鸦鸿桥河东村。因自幼习武，便以武庠生纳粟捐得千总衔，例受武略骑尉。他为人磊落大方，医术尤其精湛。但其后因力主"善桥善渡"而得罪知县，加上此前他曾用文言、辞令蔑视封建统治者，县衙便与当地豪绅迫害王清任，逼得王清任不得不离开家乡，辗转于滦州稻地镇（今属丰南区）和东北奉天（今沈阳）等地行医。

30多岁时，王清任定居北京，开设医馆"知一堂"继续行医。他用药独到，治愈了不少疑难病症，因而颇享医名。但他对古书中有关脏腑的知识依然心存疑虑。

王清任像
王清任精心学医，曾于北京开一药铺行医，医术精深，颇噪于一时。因其精究岐黄，于古书中对人体构造与实际情况不符，颇有微词，并敢于提出修正批评，其革新精神甚得好评。精心观察人体之构造，并绘制图形，纠正前人错误，著成《医林改错》。

解剖学是一切医学基础理论的基础，但由于中国古封建伦理道德主张"身体发肤，受之父母，不敢毁伤，孝之始也"，限制了中国解剖学的发展。有关医学知识也只是循经所云，相沿传袭。所以当王清任在青年时期阅读古医书时便发现，那些关于脏腑的论述不仅有的含糊不清，甚至还有自相矛盾的地方。王清任便有了更正这些论述的想法，但一直没有机会。

嘉庆二年（1797年）四月，他来到河北省滦州稻地镇（今属丰南区）行医，适逢当地小儿疫病横行，穷苦百姓没钱安葬，加上当地风俗不用深埋死者，大都只用草席裹了孩子浅埋在义冢荒野里，以至那些荒野乱坟尸横遍野，臭气熏天。这却给了王清任"亲见脏腑"的机会。他每天清晨便骑马赶到坟地，不避污秽，认真地观察尸体裸露在外的脏器。尽管那些尸体大多被野狗啃食得面目全非，脏器残缺，但王清任相互参照，反复体会，终是大开眼界。

嘉庆四年（1799年）六月，一次机缘巧合下，王清任从行刑者的手中看到了一个被处以剐刑的妇人的内脏，由此得知大人与小孩的器脏形态是一致的。道光九年（1829年）十二月，王清任受邀去给北京安定门大街板厂胡同恒家看病。当时江宁布政司恒敬公正好也在，此人曾经在喀什噶尔带兵，所

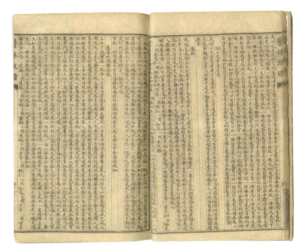

民国三年（1914年）版《医林改错》
书内约有三分之一篇幅为解剖学内容，王清任以其亲眼所见，辨认胸腹内脏器官，与古代解剖作比较，画出他自认为是正确的十三幅解剖图以改错。还有一部分主要内容表明了他对人体气血的一个特殊的认识，他认为气与血皆为人体生命的源泉，但同时也是致病因素，故而他倡导"补气活血"和"逐瘀活血"两大法则，这就是著名的"瘀血说"。

见诛戮尸体极多，对膈膜一物也十分了解。是以在聊天过程中，王清任提到自己四十余年还没能验明膈膜的遗憾时，得知恒敬公能为他解除疑惑，便喜出望外，认真虚心地向他请求。恒敬公受感于王清任执着的精神，就将他所知道膈膜的形态与位置详细地告诉了王清任。随后，王清任将自己的观察结果与研究心得绘成25幅脏腑全图，配上文字说明，编撰了《医林改错》。

道光十一年（1831年）二月十六日，这位伟大的医学家最终殁于那引成府中，他的妻子扶柩回乡。尽管王清任"未能尽改古人之错"，但他执着的精神与探索的勇气值得后人学习。

1792年—1841年

梁启超曰："晚清思想之解放，自珍确与有功焉。光绪间所谓新学家者，大率人人皆经过崇拜龚氏之一时期；初读《定庵全集》，若受电然。"

——《清代学术概论》

三百年来第一流

在这样危朦四伏的社会里，高踞于统治阶级庙堂之上的尽是相互勾结、盘根错节的贪官污吏。王朝的腐败已深及根底，他纵使有心天下，心怀救国，但仅凭一己之力，也挽救不了豺狼当道、正气难伸的黑暗社会。

别名
易简、巩祚

身份
官吏、思想家、诗人、文学家

担任官职
内阁中书、宗人府主事、礼部主事

人物成就
中国改良主义运动的先驱者；
编撰《定庵文集》《己亥杂诗》

逸事典故
名父逆子
死因之谜

后世纪念遗址
龚自珍纪念馆

生平纪事

龚自珍（1792年—1841年），字尔玉，号定庵。乾隆五十七年（1792年）七月初五，龚自珍降生于浙江仁和（今杭州）的一个官宦世家里，其祖父龚禔身官至内阁中书军机处行走，父亲龚丽正是江南苏松太兵备道，母亲段驯则是著名文学家段玉裁之女。是以龚自珍7岁起便跟着母亲读书写诗，8岁研习《经史》《大学》，12岁在外祖父的指点下开始学习音韵训诂，13岁写下《知觉辨》。嘉庆十五年（1810年），27岁的龚自珍参加顺天乡试得中举人，此后五次参加会试均以落选告终，直到道光九年（1829年），时任国史馆校对官的龚自珍第六次参加会试才终

龚自珍像
龚自珍（1792年—1841年），字璱人，号定庵。浙江仁和（今杭州）人。清末思想家、文学家。出身于世代官宦学者家庭，他的著名诗句"我劝天公重抖擞，不拘一格降人才"至今仍为人们传诵。

于考中进士，担任礼部主事。

在接下来的殿试中，龚自珍效仿著名思想家王安石《上仁宗皇帝言事书》，写下《御试安边抚远疏》，议论新疆平定准格尔叛乱后的战后处理，并针对施政、用人、治水、治边四方面提出改革主张。他的文章洋洋洒洒，直陈无隐，令阅卷官十分震惊，但却只得了三甲第十九名，仍为内阁中书。

但龚自珍在位期间仍心怀国事，虽困陋闲曹，却依然屡屡上书，抨击时弊，但均未被采纳。随后，龚自珍因在任期间屡次揭露时弊而得罪权贵与上峰，最终选择弃官南归。在回杭州的路上，他曾北上接还眷属，在两次往返的途中，百感交集的他为了寄托与抒发自己激扬而深情的忧国忧民之情，写下了著名的《己亥杂诗》315首。

忧国忧民

龚自珍的思想涵括了政治、学术、经济和文学等许多方面，能起到启发一代风气的作用。他在《西域置行省议》中写道："清朝自嘉庆以来国势日渐衰颓，就像是即将凋零枯萎的花朵。而自乾隆末年起，那些不种田、不劳

午门大阅
这幅画面表现的是西方人眼中的道光皇帝及他的八旗子子弟。"大阅"是清代的阅兵仪式。大阅兵的日子不是每年元旦，而是当年的秋季，故又称"秋阅"。天聪七年（1633年），皇太极在关外举行了清朝第一次大阅兵。占领北京后，为激励满人的征服意志，定每三年"大阅"一次。兵事繁忙的时候，阅兵突破三年一次。然而在19世纪的欧洲人眼中，穿着描有龙、虎、猛兽形状的八旗旗号和制服的大清军队看起来威猛，实际上却毫无战斗力。北京城里的八旗军平时根本没有任务，满族士兵们做生意、抽大烟、听大戏、养鹦鹉、生一大群孩子，悠闲而无知。

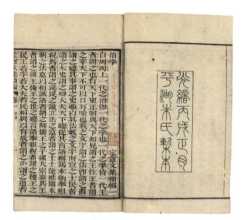

《定庵文集》补编四卷

龚自珍撰,清光绪十二年(1886)平湖朱氏刻本。此为龚自珍亡后,其好友曹籀据其遗文抄本,厘定为《定庵文集》三卷,《续编》四卷,由浙江吴煦出资刊印。

贪污腐败的官僚制度。

晚年时期,黑暗腐朽、贪污横行的政府日益衰颓。龚自珍看在眼里,心中怀才不遇的郁悒心情与心系天下的忧国忧民之心积聚于胸膛,进而迸发出改革弊政的思想火花。他不禁悲愤地写下了自己的心声:"九州生气恃风雷,万马齐喑究可哀。我劝天公重抖擞,不拘一格降人才。"以此热情地呼唤社会变革,乞求上天赐予人才,打破现下沉闷而腐朽的现状,并同时提出了补救时弊的主张。"自古及今,法无不改",他主张淘汰冗员,克服"官职冗滥"现象;废除八股文,改为策试;兴修水利,防治水旱。

道光十八年(1838年)十一月,湖广总督林则徐受命为钦差大臣到广东禁烟,龚自珍不仅写下《送钦差大臣侯官林公序》以表支持,并自愿随同南下,协助禁烟活动。据记载,直隶总督曾上书,直言天津水师不仅没什么用处,每年还要浪费极大的开销,因而请

动、不经商、不读书的闲人、游民竟然占了全国总人数的一半之多。"他还写下论政的七绝诗:"不论盐铁不筹河,独倚东南涕泪多。国赋三升民一斗,屠牛哪不胜栽禾?"意指那些贪婪的官僚疯狂搜刮东南地区的民脂民膏,公然增加当地赋税,致使老百姓宁愿宰杀耕牛也不愿种地谋生,以此激烈地抨击清朝

清·佚名·道光皇帝行乐图

求裁撤。龚自珍知道后立即上奏进劝，充分阐述不能裁撤的理由。结果两年后，英国军舰果然北上对天津发起了进攻，由此可看出龚自珍对鸦片战争的发展态势有着很好的预见。

除了禁烟一事，龚自珍也十分关注西北边疆，他不仅曾帮助历史地理学家程同文、徐松共同修撰《会典》，还较早地针对意图入侵的外国殖民者，提出在新疆设省，开垦移民的建议。

文史成就

道光二十一年（1841年）三月，龚自珍的父亲去世，龚自珍便兼任由他父亲主持的杭州紫阳书院讲席。到了夏末，他致信给江苏巡抚梁章钜，打算辞职去上海，投身于反外国主义侵略的战斗中。然而不幸的是，八月十二日，他因突患急病在丹阳逝世，享年50岁。

他虽然离开了，但他的文史成就却流传至今。无论是他的政治论点还是学术论文，都带入了他强烈的感情色彩，并且思路开阔，切中时弊。他在南归旅途中写下的大型组诗《己亥杂诗》，既是对他几十年师友交游、仕宦沉浮、著书倡说的经历进行了总结，也抒发了他对社会凋敝、朝廷腐败的时势所发出的感慨。而诗集中的每一首诗作更是打破了专注形式的樊笼，不仅意境清新、词语瑰丽，炼句也是掷地有声、慷慨警醒，使读者心中被压抑已久的心底之声骤然得以释放。因此，龚自珍才

清·佚名·喜溢秋庭图
描绘的是秋日里道光帝携后妃、子女在庭园中赏花嬉戏的情景。园中菊花正盛，远处枫叶红若熟柿，点出浓浓的秋意。道光皇帝与皇后安坐在厅中，慈爱地看着在石阶上玩耍的一皇子与公主；庭下另有两妃，一位公主和一个宫女。人物神态安详，层次分明。

会被后世誉为"三百年来第一流"。

此外，龚自珍还写下了一些记录人物、旅行以及抒发个人情感的杂文，诸如《记王隐君》《杭大宗逸事状》《病梅馆记》等，这些杂文作品文学性更强，其中，尤其是集叙述、议论、抒情于一身，借梅喻人的《病梅馆记》，其字里行间更是表达了龚自珍欲挣脱枷锁，追寻自由发展的愿望。

只可惜在阶级的局限和传统思想的禁锢下，他纵有救国之志，最终也是徒有雄心。"何敢自矜医国手，药方只贩古时丹。"这位近代改革的先驱者最终没来得及实现他抵御外辱的爱国主义思想，便与世长辞了。

1674年

志士仁人，不忍中原之涂炭，又结秘密团体，以求光复祖国，而洪门之会设焉。何谓洪门？因明太祖年号洪武，故取以为名，指天为父，指地为母，故又名"天地会"。始倡者为郑成功，继述而修整之者，则陈近南也。

——《教会源流考》

神秘组织天地会

天父地母、反清复明，有清一代，它都是让统治者提及头疼的存在。劫富济贫、替天行道，面对残酷的压迫，共同的信念让遍布国内甚至海外的华侨起义中都活跃着它的会众。"木杨城内真威风，万丈旗杆透身洪。清朝人复归明主，扯起大旗皆当徒"，这就是清代著名的秘密结社组织之一——天地会。

成立时间

1674年

名字来源

以"天父地母"，立誓反清复明为己任，故称天地会

天地会的意识

一为祖宗报仇，二为群黎伐暴

龙头大哥

万云龙（洪二和尚，万提喜）

代表性人物

陈近南

天地会暗语

地振高冈，一派溪山千古秀；
门朝大海，三合河水万年流

成员组成

破产农民、手工业者、雇工、运输工人、小商人、流氓无产者

起源

据天地会秘密文件记载，康熙年间，西鲁番进攻潼关，而朝中大臣没有人能出面应敌。康熙帝无奈之下只好广昭天下，表示如果有人能成功击退西鲁番，就封赏万代公侯。国难当前，少林寺僧挺身而出，应诏上阵杀敌，最终得胜归来。但他们却拒绝了康熙帝的封赏，回到寺中继续诵经念佛。却没想到反遭奸人陷害，一夕之间寺庙被烧毁，僧人惨遭毒手，仅剩下五人死里逃生。

康熙十三年甲寅年（1674年）七月二十五日，他们逃到了广东白沙湾口。就在这

天地会洪顺堂三角旗
现藏于江苏南京太平天国历史博物馆（瞻园）。

天地会"风云际会"花钱
在古代,龙和虎放在一起称为"风云际会",风云际会并不是指龙和虎之间的斗争,而是指贤主与良才之间相逢,英雄与英雄之间相遇后,产生惺惺相惜的感觉。

八拜歌

一拜天为父,
二拜地为母,
三拜日为兄,
四拜月为嫂,
五拜五祖,
六拜万云龙大哥,
七拜陈近南先生,
八拜兄弟和顺。

时,他们忽然看见海面上浮起了三块旧麻石,石面有一只白碇香炉,香炉中心刻有"洪英"二字,而炉底竟刻着"反清复明"四个字。这五个人心头一震,随即跪下对天起誓,插草为香,结为天地会。当时,崇祯帝西宫娘娘李神妃的孙子朱洪竹恰巧路经这里,于是这五名少林寺僧人便拥立朱洪竹为主,提出了"反清复明,恢复中原"的宗旨。

这便是著名的"西鲁故事"传说,依照这个传说,天地会的初次结盟时间便是康熙十三年甲寅七月二十五日。康熙十二年(1673年)十一月,平西亲王吴三桂自云南举兵造反,与他狼狈为奸的狐朋狗党也纷纷举兵响应。同年十二月,京师白莲教首杨起隆假冒明崇祯帝的三太子,在北京建立中兴官兵爆发起义,靖南王耿精忠、孙延龄等举兵加入。吴三桂的这些举动恰好迎合了当时一些人的反清心理,于是一时间大半个中国都点燃了反清的战火。

但很快他们便察觉到了吴三桂意图不轨,转而与地下秘密开展反清斗争的人民群众合作,用"歃血为盟""结拜弟兄"的方式,秘密将闽粤地区一部分反清复明的力量聚集起来,从而成立了清初民间的秘密结社,天地会由此诞生。

19世纪末广东洪门二房和三房户腰牌

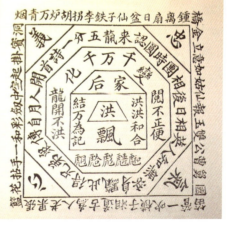

发展

天地会是一个严密的组织,设有山堂、会社和公所等。但它们相互之间并无来往,只是各司其职。

早期的天地会是以封建士大夫、农民为主要阶级基础,但随着乾隆朝时期农民个体经济遭到破坏,会众就主要以破产农民、手工业者、雇工、运输工人、小商人、流氓无产者等为主。

早期的结盟仪式也相对简单,通常是在荒野郊区举行,以插草为香,拜天为父,拜地为母,歃血结为兄弟。后来在传教的过程中,在儒、释、道三教的影响下,结拜仪式中又加入了供奉祖师牌位等环节。随后,为了方便会众识别出"自己人",乾隆年间,会中又加入了隐语和暗号。

天地会的纪律也十分严明。为了使会众讲义气、戒贪淫,会中制定了三十六誓、二十一则、十禁十刑等规章。同时,为了使会众勇于参与反清斗争,遵纪守律,当会众入会时,要在入会仪式上起誓。

天地会创立后,全国的政治形势也随之发生了翻天覆地的变化:先是三藩之乱得以平定;随后台湾得以统一。

但到了乾隆时期,清朝的这场"盛世"逐渐走向尾声,天地会的活动却随着统治阶级对百姓的剥削、掠夺与压迫越来越重而变得越来越活跃。在万云龙以及徒众在广东、福建等地的秘密传播作用下,天地会强烈的反清复明传

《平定台湾战图册》之庄大田被捕与林爽文被捕图

清乾隆五十一年(1786年)十一月,天地会台湾北部首领林爽文率众起义,天地会台南首领庄大田起兵响应,庄大田(?—1788年),福建平和县五寨乡优美村人,乾隆七年(1742年)渡台,居凤山(今高雄县)种田为业,凤山县天地会首领。清军连败后,福康安入台,分兵出击,1788年林爽文、庄大田先后兵败被杀。在这次起义中,乾隆帝为表彰坚守诸罗县城的军民,改诸罗为嘉义。

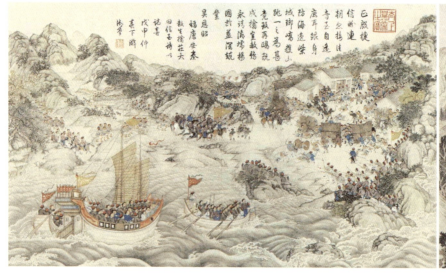

统再次得到了恢复与发展。

演变

天地会主要是从事地下秘密反清活动，但随着社会阶级矛盾与阶级斗争的日益加剧，天地会的反清活动也开始由暗转明。

清乾隆五十一年（1786年），为了反对清朝统治者的压迫和剥削，在林爽文的领导下，台湾汉族和高山族人民掀起了大规模的农民起义。这是天地会历史上首次大规模的反清斗争，战火瞬间席卷台湾，对清朝官吏和地主阶级造成了极为严重的冲击。

尽管最终林爽文起义失败，但清政府为了镇压此次起义付出了不小的代价，也暴露了清廷的腐朽、衰落。随后，天地会的反清起义斗争愈演愈烈，尤其对咸丰元年（1815年）发起的太平天国起义的顺利发展起到了推动作用，

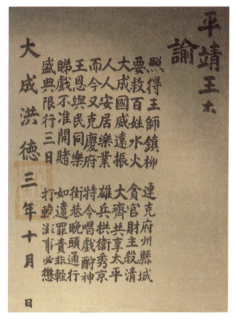

天地会大成国平靖王李文茂发安民晓谕
由广东天地会首领陈开、李文茂等倡议于广东佛山并建都于广西桂平的大成国起义，是19世纪中期继太平天国金田起义后在南方爆发的规模最大、时间最长的一次农民起义，义军横扫粤桂两省，在长达10年的时间里与清王朝进行了殊死的斗争，在我国农民革命斗争史上写下了绚丽而悲壮的篇章。

为辛亥革命的迅速发展创造了有利的条件。可以说，它为推翻两千多年的封建专制起到了极为重要的作用。甚至到清代后期，天地会发展到南洋各地的华侨中，又为抗击欧美殖民主义当局的残暴统治做出了贡献。

但天地会也存在着巨大的弊病。对此，孙中山先生曾评论道："天地会会众皆知识薄弱，团体散漫，凭借全无，只能望之为响应，而不能用为原动力。"这一句话正好点出了天地会的最大弊病所在。

> 清朝

向称天下繁华有四大镇,曰朱仙,曰佛山,曰汉口,曰景德。

——《游沪杂记》

天下四大镇

号称天下繁华,尤以中国四镇:以冶铁业发迹的佛山镇、以陶瓷业扬名的景德镇、以"船码头"著称的汉口镇和以集商贾繁兴的朱仙镇。它们在中国封建城市的发展中四足鼎立,最终洗净铅华,造就了今日的繁华。

四大名镇
朱仙镇、汉口镇、佛山镇、景德镇

地理位置
朱仙镇:河南省开封市祥符区
汉口镇:湖北省武汉市
佛山镇:广东省佛山市
景德镇:江西省景德镇市

特色
朱仙镇:版画、年画
汉口镇:船码头
佛山镇:冶铁业
景德镇:陶瓷业

美誉
朱仙镇:木版年画艺术之乡
汉口镇:楚中第一繁盛,九省通衢
佛山镇:诸宝贸南北互输,以佛山为枢纽
景德镇:瓷都

手工业的兴旺

明末清初时期,中国有四大建立于工商业基础上的专业城镇,即广东的佛山镇、江西的景德镇、湖北的汉口镇和河南的朱仙镇,它们分别以冶铁业、陶瓷业、船码头、商贾兴而闻名于世。

广东的佛山随着时间的推移以及携资投建炉房的四方商人逐渐增多,俨然已经成了广东冶铁业的中心,其整个冶铁业所消耗的生铁量约达5000万斤,产值超过100万两。从清初至乾隆之后,佛山的丝织业(十八行)、金属加工业(铜器行、打银行等)、成药业(参药行等)、民间手工艺(陶塑、塑扎、剪纸等)以及手工行业(染纸业、食品制造业等)也相继发展起来了。据乡志记载,直到光绪年间佛山衰落时,其手工行业还有178行。

清·荷兰舞蹈家塑像
由清乾隆年间江西景德镇生产,现藏于英国维多利亚和阿尔伯特博物馆。

江西的景德镇素以陶瓷业闻名天下，全镇官民窑每年总产值能超过610万两，其中民窑的产值就占了600万两之多，足可见其陶瓷业的兴旺。在雍乾时期，景德镇商贩云集，民窑数百区，工匠人夫超过十多万。到了嘉庆年间，景德镇发展至"广袤数十里，业陶数千户"，其分工也更为细密：生产窑分为烧柴窑、烧槎窑、包青窑、大器窑和小器窑等，窑户分烧窑户、搭坯窑户、烧囵窑户、柴窑户、槎窑户。其后又依照工序将窑内分成23个工种，根据所作之器将户间分为18作，此外再将附属各专业户分为16户种。所以宋应星在《天工开物》中才会记载道："共计一坯之力，过手七十二，方克成器。"

湖北武汉的汉口兴于清初时期，其手工业基础也在佛山、景德镇之下。

清代景德镇的瓷器商号
明清是江西景德镇瓷业的鼎盛时期，成为宫廷用瓷的重要生产基地和全国瓷业中心。因国内外的巨大需求，当时景德镇商贩毕集，瓷器官窑和民窑数百家，分工细密，终年烟火不断，从业人数几十万，年总产值在610万两以上，其中民窑总产值约600万两。

清代景德镇御窑厂劳作场景
制瓷工艺是由练泥开始，然后经拉坯、印坯、修坯、晒坯、刻花、施釉后入窑烧制而成。

朱仙镇灶王木版年画

但到了嘉庆三年（1798年），汉口制铁业迅速发展，也达到了"铁行十三家，铁匠五千余名"的规模。而河南开封的朱仙镇则以制曲业、酿酒业、年画业、染纸业扬名，尤其是起源于明朝、闻名于清代的"西双泰"竹竿青酒，其口感醇香，远销各省。

商业的繁荣

随着手工业生产的逐步发展，繁荣的商业贸易也随之而来。

康熙二十四年（1685年），自清政府开放海禁后，佛山的铁锅和丝织品开始远销外洋，石湾陶器也"通行二广"，甚至远销至东南亚和阿拉伯等地区。佛山由此变成一个巨大的发销中心，成为外省商贾必至的贸易中心，其商业繁荣已然超过广州。从乾隆年间至道光初年，佛山进一步发展，商车洋客，百货交驰，广东各省的米价都均以最大的米粮贸易中心佛山镇的报价为准。由此可以看出，佛山镇的商务（不含外贸）自清初起至鸦片战争以前，都是执全省之牛耳的。

而景德镇的瓷品早在明朝时期就已经占据了开阔的市场，直到清代进一步发展。无论是在国内还是在国外，甚至远至法国、俄国的皇室也对景德镇的瓷器赞不绝口。景德镇也由此成了商人云集之所，事陶之人数以万计。

地处天下之中的汉口得益于绝佳的地理位置，商业贸易也十分兴旺，其中以淮盐、粮食、布匹、木材为重。据《汉阳府志》中记载："汉镇一镇耳，而九洲之货备至焉……九洲诸大名镇皆有让焉，非镇之有能也，势则使然耳。"由此可见汉口的商业贸易在中南数省中占着首屈一指的地位。

朱仙镇在康、雍、乾年间大力发展商业，成为"水陆舟车会集之所"，位及华北最大的水陆交通联运码头。它的主要贸易特点是"入多于出"，即主要输入木材、瓷器、布匹、粮食、茶、糖、盐、纸、京广杂货等货物，主要输出西北山货、本省牲口与土特产。

街区镇貌的发展

随着生产与商业的发展，四大镇

的街区、镇貌也发生了极大的变化。自乾隆至道光年间，佛山的编户人口逐年增长，铺区从25个增加至27个，街巷从233条增加至596条，墟市从3墟6市发展为4墟11市，码头也从11个扩张至28个。至此，佛山成为"周遭三十四里"的繁华大镇。

南风古灶
南风灶建于明正德年间，五百年来窑火不断，生产未断，世界罕见，已载入《吉尼斯世界纪录大全》。

景德镇的街区在清初时期就有很大的发展，到了嘉庆年间，景德镇便从"列肆受廛延袤十数里，烟火近十万家"发展至"自观音阁江南雄镇坊至小港咀，前后街计十三里"。直到中华人民共和国成立前夕，景德镇都以其繁华的规模成为天下瞩目的泱泱巨镇。

自入清以后同样因商业贸易而得到发展、不断扩建的还有汉口的街区。汉口新建的接驾嘴街道已经成为汉口的繁华之地，"上下数里，商贾云集，五方杂居"。而昔日被荒沙埋没的堤外也变成了居民的安居之地，街市兴起。从乾隆年间至道光初年，汉口俨然发展成了"东西三十里有奇"的江畔雄镇。

朱仙镇福寿三多木版年画
河南漯河河上街古镇年画馆。

最盛时期的朱仙镇，其市区面积约五十方里，由贾鲁河贯穿镇中，一分为东、西两镇。镇内店铺兴旺，南镇有杂货街、炮房街、曲米街、油篓街和仙人桥街，西镇有西大街、顺河街、京货街、估衣街以及铜货街，其中尤以杂货街、西大街最为繁华。两镇的街道布局整齐，房屋坚固，院整式宏，且人口多达二十余万，也难怪会成为北方一大巨镇。

鸦片战争前的清朝对外贸易

中外贸易在中国数千年的封建体系中，都带着一种政治上的朝贡意味，清朝也不例外。清初开海禁以来，同中国发生直接贸易关系的西方国家都被纳入了朝贡国之列，如荷兰、葡萄牙、英国、意大利等。在政策上，清政府限定通商口岸、进出口货物及来华贸易商人的活动，从事对外贸易的机构只能在清政府特许设立的商行。鸦片战争前，西方各国为了保持同中国的通商关系，只能接受和适应。如，西方来华商船只许停泊澳门，而且每年大小船只不能超过二十五艘。

1825年—1835年的广州十三行

康熙帝时，放宽了海禁政策，设立了广州、漳州、宁波、云台山四处港口为通商口岸，与世界上很多国家开展互市贸易。

乾隆年间，鉴于一些不法外商的掠夺和违法行为，乾隆帝下令关闭了三处海关，只留广州一口通商，因此在很长时间内，广州成为中国对外贸易的唯一港口，催生出了被称为"十三行"的广州外贸洋行。十三行在1757年—1842年间成为官方经营海外贸易的代言机构，一切外国货物的进口都由其承销，国内出口货物也由其代销，还代理了对外商的外交事宜。

整体上看，由于清朝对西洋事务的需求量不大，中国在鸦片战争之前的对外贸易一直呈现大幅出超情形，大量银圆流入中国，增加了货币的流通量，刺激了物价上涨，促进了国内商业的繁荣。中国沿海城市泉州、漳州、福州、广州先后崛起，成为贸易大城，控制着对外的国际贸易。

康熙五十七年（1718年）两广总督杨琳关于十三行的奏折

在广州的英国工厂内,正在准备欢迎总督及英政府高级专员的仪式

从1757年—1842年,广州的十三家工厂垄断了中国的西部贸易。

1644年—1840年

- **1840年** / 中英第一次鸦片战争爆发
- **1839年** / 林则徐虎门销烟
- **1799年** / 乾隆驾崩，嘉庆即位，赐和珅狱中自尽
- **1796年** / 川陕白莲教起事
- **1792年** / 英国政府任命乔治·马戛尔尼为正使，以贺乾隆帝大寿为名出使清朝
- **1773年** / 《四库全书》正式开始修编
- **1771年** / 渥巴锡率众归国

- 美国独立战争拉开帷幕，次年通过《独立宣言》宣告美利坚合众国诞生 / **1775年**
- 英国哈格里夫斯发明「珍妮机」，标志英国第一次工业革命开始 / **1764年**
- 爆发印度普拉西战役，英国攻陷孟加拉 / **1757年**
- 英国瓦特研制出联动式蒸汽机 / **1782年**
- 法国大革命爆发 / **1789年**
- 英国斯蒂芬森研制出第一台蒸汽机车 / **1814年**
- 拿破仑帝国灭亡，法国波旁王朝复辟 / **1815年**
- 英国开启宪章运动 / **1836年**

中外大事年表对比

- **1644年** / 李自成破京，崇祯自缢，吴三桂引清兵入关，清朝入主中原
- **1652年** / 五世达赖进京觐见
- **1673年** / 康熙下令削藩，三藩之乱爆发
- **1683年** / 清军攻陷台湾，郑氏投降，清朝一统中华全境
- **1685年** / 清、俄雅克萨之战爆发，大清完胜
- **1696年** / 昭莫多之战，清军击溃噶尔丹主力军队，噶尔丹兵败身死
- **1723年** / 全国施行摊丁入亩政策
- **1757年** / 清军取得准噶尔之战胜利，平定叛乱，统一天山北路

- 马斯顿荒原战役爆发，结束了王军对英格兰北部的控制
- 处决英国查理一世，英吉利共和国成立 / **1649年**
- 英国斯图亚特王朝复辟 / **1660年**
- 英国议会通过《权利法案》 / **1689年**

少年中国史
Chinese History for Teenagers

创作团队

【项目策划】 尚青云简

【文稿提供】 高美

【图片支持】 Fotoe.com　Wikipedia　郝勤建　秋若云　堂潜龙